U0585959

中山出版
ZHONGSHAN　PUBLISHING
香山承文脉　好书读百年

# 硅谷迷情

## 美国科技创新探秘

郇舒叶　著

**SPM**
南方出版传媒
广东人民出版社
·广州·

**图书在版编目（CIP）数据**

硅谷迷情：美国科技创新探秘 / 郇舒叶著 . —广州：广东人民出版社，
2019.3

ISBN 978-7-218-13410-9

Ⅰ．①硅… Ⅱ．①郇… Ⅲ．①电子计算机工业－工业企业管理－
研究－美国 Ⅳ．① F471.266

中国版本图书馆 CIP 数据核字（2019）第 046312 号

GUIGU MIQING——MEIGUO KEJI CHUANGXIN TANMI

# 硅谷迷情——美国科技创新探秘

郇舒叶 著

出　版　人：肖风华

责任编辑：李锐锋　易建鹏
装帧设计：蓝美华

统　　筹：广东人民出版社中山出版有限公司
执　　行：何腾江　吕斯敏
地　　址：中山市中山五路 1 号中山日报社 8 楼（邮编：528403）
电　　话：（0760）89882926　（0760）89882925

出版发行：广东人民出版社
地　　址：广州市大沙头四马路10号（邮编：510102）
电　　话：（020）83798714（总编室）
传　　真：（020）83780199
网　　址：http://www.gdpph.com
印　　刷：广州市岭美彩印有限公司
开　　本：787mm×1092mm　1/32
印　　张：9.625　　　　字　　数：193千
版　　次：2019年3月第1版　2019年3月第1次印刷
定　　价：39.80元

如发现印装质量问题影响阅读，请与出版社（0760-89882925）联系调换。
售书热线：（0760）88367862　邮购：（0760）89882925

# 序一

我和郇舒叶女士曾在斯坦福大学国际发展中心共事多年，她的才智和执行力给我留下了深刻的印象。特别是她负责的中美高端培训项目，专家教员从名牌教授、诺奖得主到政府官员、公司高管，内容涵盖前沿思维、创业创新、尖端科研、环境保护、智慧城市、金融科技等。

如今我们俩都已从斯坦福退休，舒叶把她的热情和创造力投入写作中。她从一名熟知中美两国文化的华人女性角度为广大求知若渴的中国读者描述了当下美国生活的方方面面。她的文学写作天分对我来说既是意料之外，又是情理之中。

本书汇集了舒叶发表在《南方都市报》"硅谷来信"专栏中的多篇作品，既有知识性，又有趣味性。内容包罗万象，从斯坦福创新、硅谷公司生态到美式育儿之道和大学申请，从商业发展到时尚艺术，从本地社区生活到国外旅行，她用机灵、权威的笔法为读者打开美国尤其是硅谷的一扇窗口。我确信本书的读者也会继续关注她的专栏。

尼克·霍普

（作者系斯坦福大学国际发展中心前主任、普林斯顿大学经济学博士）

# 序二

本书作者姓郇名舒叶。史书记载，在唐朝名士郇谟之前郇读如旬，至唐代宗时因郇谟冒死谏言有功于朝廷，皇帝赐郇另一读音 Huán。且不说读没读过史书，假如手里没有一本像样的中文词典，估计没有什么人能准确无误地念出郇舒叶的全名。所以，大家不由分说地都干脆叫她舒叶或"舒叶姐"，生怕念错了她的姓氏，显得没文化。

我第一次见到舒叶是 2011 年的夏天，在斯坦福大学的一个招待会上。当时，她在斯坦福国际发展中心任职，我则利用暑期时间在斯坦福胡佛研究中心做短期学术研究。我们大致是同龄人，都是早年从北京来到美国加州硅谷工作和定居，而且又都拥有法律专业的背景，"萍水相逢，一见如故"这句套话，应该算是恰如其分。

后来，我们一起在斯坦福大学的校园里拜访了著名的世界法学大师——斯坦福大学法学院教授劳伦斯·弗里德曼先生，我们共同经历了启动翻译弗里德曼教授的名著《二十世纪美国法律史》（American Law in the 20th Century）的最初创意过程。这部名著的中译本由北京大学出版社于 2013 年出版，舒叶在其中参与了部分翻译工作。舒叶定居美国后，一直没有直接从事法律专业的工作。她很认真地告诉我，这部法学名著的合作翻译成功，让她圆了一个曾经的法律人的小小"梦想"。

　　有一次在叙谈中，我随意地谈及自己和作家王朔的交往和友谊。没想到舒叶竟是王朔的"铁杆粉丝"。我至今还清晰地记得我们拜访王朔的情景。那天晚上是在王朔的老邻居、北京知名律师蒋勇的家里，舒叶几乎是有备而来，她兴奋地讲述着自己阅读王朔作品的感悟，还带上了自己多年前写的读书日记。王朔当时听得可不是一般的认真，用宋丹丹的喜剧语言说，那是"相当的认真"。我注意到，这个被很多人误以为是"我是××我怕谁"的牛人，其实每当听到一些溢美之词，不经意间也露出一种羞涩的表情。

　　王朔这些年深居简出，不知道拒绝了多少人的拜访和邀请。可是，近年来，每次舒叶从硅谷回到北京，倒是都能和王朔见面神聊一番。我想，这一定和舒叶本人真诚、爽朗的性格有关。这些年里，有关王朔的"深度报道"，大多是舒叶告诉我的。这让我这个一直琢磨着将来写一部"王朔传"的人，多多少少有那么点儿"羡慕嫉妒爱"。

　　舒叶的写作天赋，很可能来自她父亲的遗传基因。她的父亲邰琛早年是《人民海军》报的主笔，曾经写出过不少优秀的新闻作品。可惜的是，她的父亲"文革"期间在海军大院里遭受迫害，英年早逝。童年生活的不幸，并没有改变舒叶热情直爽、通达乐观的个性。1980年，她以优异的高考成绩考入北京大学法律系。她的先生赵铁民是北京大学计算机系和斯坦福电机系的高材生，是闯荡美国硅谷IT领域的成功创业者。他们夫妻当年赤手空拳来到美国，读书工作、生儿育女、拼搏创业，对硅谷生活有着深切的感悟。

　　前不久，舒叶告诉我，她的新书马上就要出版了。我很荣幸地成了这本书正式出版前最早的读者之一。

　　二十多年的北京生活，云卷云舒；三十年的硅谷岁月，春花秋叶。舒叶把五彩斑斓的生活和复杂深奥的道理，装进一个个巧妙的故事里。舒叶的口才不错，她告诉我，因为打字很慢，很多文章都是她用语音输入完成的。难怪在行文上，让人感到风轻云淡、娓娓道来，像是在和知己聊天。有趣的是，她在文章的结尾处，往往还来个脑筋急转弯，形成了自己独特的文风。在这本书中，舒叶敞开心扉，带着读者走进她工作着的斯坦福大学，还有生活居住的硅谷。

　　硅谷位于美国西海岸的旧金山湾区，这里风景绮丽、气候宜人，聚集了全世界高科技的英才，可谓藏龙卧虎之地。其中，有相当一部分是来自中国的高学历精英。都说硅谷华人很多，多到什么程度呢？有一个未经最后证实的说法，中国近四十年高考中产生的大部分"状元"最后都去了硅谷。据说北京大学和清华大学在硅谷的校友，各自都有上万人之众。我个人有过一次有趣的"田野考察"。若干年前，我到一个清华大学的朋友家做客，这个朋友的别墅前后左右的邻居，居然有好几个都是当年的大学同班同学。我们一起去他家附近的社区公园里散步，看到在公园里休闲的大都是华裔面孔。不一会儿，终于来了一个美国男士，怀里还抱着一个华裔面孔的小孩——此老外十有八九是当了咱们中国人的女婿。

　　不过，在硅谷的华人大多是一副辛辛苦苦、忙忙碌碌的生活面容。或许因为司空见惯、不足为奇，很少有人能轻松地放慢脚步，写一写自己的人生感悟。人的精神世界无疑是从生活际遇中逐步构造起来的。这意味着滋养智慧和洞察世态都需要岁月的积累。舒叶也是个大忙人，但对她而言，生活或许像是在杯子里泡的茶，或许是花园等待采摘的花。自然简单而又闲适平淡的态度，洋溢在她一篇篇散文的字里行间，让人感受到一种可以触摸的热度。

舒叶的这本散文集，收集了近六十篇文章，可以分为文化、科技、教育、旅行、硅谷故事五类。

在文化类中，舒叶从硅谷日常生活和斯坦福大学校园这两个方向看待中美文化上的不同，既不炫耀，也不追捧，以中立的第三者的视角去看待中西差异。在心平气和的叙述中，将精英文化与日常文化相结合，为读者带来一幅真实而又充满学者气息的文化图景。

在教育类中，舒叶回归另一个身份：三个孩子的母亲和两个孩子的法定监护人。她的孩子有的上公立学校，有的上私立学校，都在她的呵护培养下实现自己的目标。她用一位母亲的眼光去看待世界，看待生活，看待中西教育的差异。作为在斯坦福大学工作的母亲又是如何教育孩子的呢？相信这个章节可以给读者许多答案。

在旅行类中，舒叶带着天真的好奇去感受和欣赏。除了旅行外，还有一部分写了关于童年的回忆。不管是异国、异乡的故事，还是追忆的往昔，旅行不仅是物理上空间的变换，而且是心灵的放松。

在硅谷故事中，舒叶用灵动的笔法写了许多美剧中才会有的情节。看硅谷故事犹如在看一部情境美剧。中立的叙述与思考，将读者带入硅谷和斯坦福大学真实的日常生活。在这里学者也是人，他们的故事也如平常人一样，充满了生活的气息。比如，在《硅谷的无厘头官司》中，起初房主自认为在法律上是正义合法的、理直气壮的，但最后认输赔钱。这个故事一环扣一环，展现了美国社会法与情的碰撞，以及人性的美好与善良。文章的结尾出乎意料，令人在忍俊不禁的同时若有所思。

在科技类中，在舒叶的笔下，创新创业变得那么随意和有趣，让人忍不住要立刻也去试一试自己的智商和情商。舒叶更多的是介绍斯坦福大学最新的科研技术、科研团队，以及在硅谷的日常生活中接触到的高新技术，揭示了斯坦福大学在科研上一直处于世界尖端的秘密，同时也期待着位于大洋彼岸的中国在高科技领域的蓬勃发展。在《斯坦福医院的可植入镇痛器械》《斯坦福的人工智能入门课程》《在斯坦福展望未来》《斯坦福产学研一体的秘密》这几篇佳作中，人们不难看到，在科技进步、科技创新中涌流出来的思想火花，的确是人类最宝贵的财富。

舒叶的书稿，我是在从旧金山飞往北京的国航航班上开始阅读的。读着读着方觉夜色静临，远方的天际线处那一穹匀净的湛蓝中，北美大陆化为广袤无垠的剪影。在万里高空腾云驾雾之间，我想起斯坦福的著名校训——"自由之风劲吹"（Die Luft der Freiheit weht）。读完舒叶的这本散文集，会让人觉得，大千世界，万物有灵，自由之风当追，人生不虚此行。

周大伟

2019 年 1 月 7 日

（作者系旅美法律学者、北京理工大学法学院客座教授）

# 目　录

## PART.1　美国教育见闻

给新手妈妈的一封信　　　　　　　　2

幼儿园的关键是老师　　　　　　　　6

斯坦福幼儿园的半天（上）　　　　　10

斯坦福幼儿园的半天（下）　　　　　15

斯坦福幼儿园的套路：玩着玩着就学了　21

硅谷妈妈也焦虑　　　　　　　　　　24

集中营似的夏令营　　　　　　　　　30

走访芝加哥大学　　　　　　　　　　35

邻家有仔不"哈"佛　　　　　　　　37

美国大学申请小贴士　　　　　　　　42

美国大学名校申请范文浅析　　　　　46

叶子红了，孩子大了　　　　　　　　49

# PART.2　斯坦福纪事

斯坦福大学的科研经费丑闻　　　　　61

斯坦福的访问学者　　　　　　　　65

斯坦福的潘老板　　　　　　　　　71

斯坦福产学研一体的秘密　　　　　74

斯坦福的人工智能入门课程　　　　78

斯坦福的艺术系　　　　　　　　　82

斯坦福开了幽默课　　　　　　　　91

漫论斯坦福"跨学科"　　　　　　93

战胜癌症的道路和心路　　　　　　97

玉儿归来　　　　　　　　　　　105

在斯坦福展望未来　　　　　　　109

诺贝尔物理学奖得主的新使命　　115

对话斯坦福校长　　　　　　　　119

九个月拿到斯坦福硕士学位　　　129

斯坦福版张铁生背后的故事　　　133

尼克博士的话　　　　　　　　　136

# PART.3 生活在硅谷

硅谷的无厘头官司      145

硅谷传奇：从流浪汉到亿万富翁      150

硅谷小镇的晚会      166

硅谷爸妈的一场争论      170

加州副州长谋转正      176

百人会      180

练就一颗感恩的心      184

子猫 Cosimo 的故事      187

硅谷的延伸      191

让大象飞      193

硅谷连着好莱坞      197

有求必应的境界      202

斯坦福医院的可植入镇痛器械      204

决战"阿兹海默"      208

人工智能驱动的平台      212

生物统计的商业用途     217

从数字看美国影视传媒业     222

麻将桌上治尿床     225

AI 悄悄进我家     231

一种叫 ADHD 的精神疾病     233

硅谷生物灭蚊     239

硅谷深处论风投     242

荷兰教授的中国女儿们     246

从中餐馆的洗碗工到美国工程院院士     252

## PART.4　人在旅途

东京一瞥     261

心动宋庄     264

西雅图生死路     268

欲望都市旧金山     274

从硅谷游到肇庆的"海归"     278

六六成了大夫还能六六吗     282

冯唐的理想照进现实     287

PART.1

美国教育见闻

# 给新手妈妈的一封信

很多朋友在讨论中美两国教育方式的不同。我在美国生活了 27 年，养育了三个子女，在这里想聊聊美国哺育子女的观念和做法。这些经验来自我的亲身经历和对周围朋友的观察，没有大数据作为支持，仅供朋友们参考。

1990 年初，我在斯坦福大学有了正式工作，开始享受大学提供的各种福利。研究了一年后，认定要想把这些福利最大化，就得生孩子。1991 年初，我怀上了第一个孩子。这下我可有理由好好地享受美食了，老话儿不是说一张嘴为两个人吃吗？第一次孕检，大夫说不错，一切指标正常。我连忙问，有什么安胎营养的补药给我开一些，好吗？大夫说，你什么药都不用吃。我有些失望，难道就这么把我打发了？女人怀孕是件大事，总得有点儿特殊对待吧？我继续问，是不是该调整饮食，多吃好吃的，这样对胎儿有好处。我当然不能告诉大夫我要借机满足我的馋嘴儿。大夫上下打量我，然后说出我最不喜欢听的话：孕妇要节食，特别是要控制糖和淀粉的摄取量，还要适当增加体力活动。怀孕期间，体重增长不要超过 23 斤这样可以避免胎儿过大，减轻生产时的痛苦和危险。回家后，妈妈摆上了一桌子鸡鸭鱼肉，我转述了医嘱，她很不理解。我说《骆驼祥子》里的虎妞就是因为胎儿过大，难产死了。待妈妈撤得只剩一盘蒜泥拍黄瓜时，我才坐到饭桌前。我的一位朋友，产期比我早两个月，临产时，胎儿横位，由于她遵照医嘱，严格控制饮食，胎儿不大，她生产的时候，大夫一只手按着肚子，另一只手伸进产道，里外配合把胎儿的姿势调整成头朝下，最终顺产。如果胎儿太大，她就免不了挨刀了。

美国的妇产科医生，很少做剖宫产。他们认为，婴儿在水里泡了九个月，产道的巨大压力，不仅有助于婴儿排出体内的水分，更重要的是婴儿的肺泡在娩出母体时，瞬间膨胀，对婴儿肺部发育很有助益。

国内来的朋友常常对我说，在美国的街上，看到高高大大的爸爸妈妈，胸前吊着一个像小猴子一样大的婴儿。是啊，在美国，如果严格遵守医嘱，新生儿不会重于7斤。有苗就不愁长，不用担心，这些婴儿长大后，块头不逊于父母。

医生把新生儿放到特制的小床里，小床床板是硬的，只铺一层被单。婴儿趴在床板上，头侧向一边。大夫说，如果脸朝上，容易造成漾奶，阻塞呼吸道。刚出生的婴儿，头盖骨都是软的，两天后就会变硬。在这人之初的头两天里趴着睡，婴儿脸相对变窄，前锛儿头后勺儿（北京方言，意前脑门和后脑勺突出，较有立体感，好看），后脑勺儿、鼻梁似乎都被挤高了，孩子这辈子都不会有大扁脸。

　　护士每隔一个小时，就会把孩子抱来让我给他哺乳。因为初为人母，没有奶，忙活了一天，孩子什么也没吃着，我很担心孩子会饿。大夫说，新生儿一两天不吃不喝是正常现象，他从母体带来足够的营养，三天不吃都没问题，但母亲每隔一小时就要哺乳一次。大夫让我戴上橡皮手套，把小拇指伸到婴儿的嘴里，他立刻吸起来，劲道非常大。大夫说，这就是所谓的吃奶的力气。他的力气不会白费，当下虽然没有奶，还是要让孩子经常吸，这样会刺激妈妈产生奶水，放心，只要你多喝水，果汁也行，你一定会有足够的奶水给你的孩子。

　　在医院里住了两夜，我就出院了。出院前大夫给孩子做了体检，他比出生时的体重少了将近半斤。我开始发愁，大夫说，想想他在水里泡了九个月，现在减轻的这些体重，是水分，不用担心。

　　我的母亲看到孩子体重减轻了许多，而我也没有奶水，就给他喂了奶粉。吃奶瓶不用费很大的力气，而且孩子一下子就适应了这个口味，三天后，我的奶水来了，他对我的奶水不感兴趣。就这样，勉强喂了半年母乳就停了。奶粉的热量很高，而且不容易掌握量，有时孩子已经不愿意吃了，但大人觉得剩下的奶粉扔了怪可惜的，就哄着孩子喝完。长子一岁时体重21斤，是个大胖小子。

　　到第二个孩子时，我吸取教训，绝不碰奶瓶儿，全喂母乳。老二一岁时体重不到17斤。都是儿子，老二没有老大那么严重的花粉过敏症状。哺乳期间我的饭量很大，有时候一顿能吃掉一条面包，体重也没有减轻。一年后断奶，不到半年，体重就恢复到怀孕前了。我的牙科大夫说，孩子长到十三四岁，进入青春期，最好拔掉四颗牙，戴两年牙套，这样孩子成人后，牙齿整齐，不会太挤，便于清洗，另一个重要效果是颌骨不会长得太大，这对女孩子尤为重要，每个女孩都希望有一副鹅蛋脸，而不是鸭梨脸。在这个岁数，牙根很浅，一次拔掉四颗不成问题。到了十六七岁，再拔掉四颗智齿，孩子一辈子就不用为牙齿操心了。比起现在流行的削骨、打瘦脸针，拔牙应该是相对有效、便宜而安全的方法了。

还有两个小贴士：一是给六个月大的婴儿喂一些花生粉，有助于帮助孩子避免或减轻花生过敏。以前没有限制给婴儿服用花生食品时，过敏率是 0.5%。自从医生建议限制婴儿花生食品后，美国有 2% 的人口花生过敏，而且花生过敏是致死率最高的一种食物过敏症。对鸡蛋过敏并且有严重湿疹的婴儿，发展成花生过敏症的可能性更高。对这种婴儿，最好在四个月大的时候就开始喂有花生粉的食物。先从小量开始，由父母喂，然后密切观察婴儿的反应。大夫认为，从出生到半岁这段时间，婴儿对食物过敏反应有限，应利用这段时间让婴儿尝试那些容易引起过敏的食物。另一个建议是每天给新生婴儿涂抹凡士林油膏，可以有效降低婴儿得湿疹的风险。孩子一旦得上湿疹，便不容易好。在"水晶宫"里泡了九个月，落入凡间，不保湿，宝宝一定会不舒服的。

# 幼儿园的关键是老师

　　一大早就接到贝蒂的电话。贝蒂是硅谷一家非常有名的幼儿园的园长，硅谷大佬在商场上叱咤风云，在她面前就像无助的孩子。贝蒂一直是个和蔼、平静而低调的女人，电话里她一反平时的慢语调："舒，你知道吗，最近很多来自中国的教育机构或个人，要求来我这里参观，甚至要求培训，多得难以想象？你知道为什么吗？你有空吗？咱们一起午餐？""当然，你来我家吧。"

　　我们俩推杯换盏，一边吃一边聊。"孩子幼小无助，在家靠家长，在幼儿园靠老师。你也知道，幼儿园的孩子，天真烂漫，好奇心强，活泼好动，爬高跳低，哭一阵，笑一会儿，反复无常，这是孩子的天性。一个成人每天都在这样的环境里工作，既要小心呵护孩子的好奇心，又要保障他们不受伤和健康。这是多么有挑战的职业呀。"

　　"想当年，我有三个孩子，每天早晨，看着他们走进你的幼儿园大门，我的心就轻松了一大截，接下来一天的工作于我简直叫度假——从心理层面讲。孩子到了三五岁，需要有小朋友，再多的玩具、再耐心的父母也不如和孩子同龄的玩伴。幼儿园，不仅家长需要，孩子更不能少。对我们这些家长来说,孩子总有长大的时候,所谓'熬出来了',可是你们这些从事幼教的人却一辈子把看护幼儿当成职业,真是需要特殊的品质。"

"当年申请这份工作时,我有幼儿早期教育的硕士学位。我是个有三个孩子的单身母亲,这份工作我可以胜任,而且工资足够我养家。幼儿园质量的关键是老师,好的老师要有好的教育背景,特别是幼儿心理学方面的训练。"

"是呀,小孩子常常把大人搞得火冒三丈,三天不打,上房揭瓦。"

"西方也有一句谚语:闲了棍子,误了孩子。父母多么爱自己的孩子呀,有时候还会失控。我们做老师的,受过专业的心理训练,知道怎么调节自己的情绪。整天和孩子们在一起,真不是一件容易的事,老师的心理一定要很职业化。孩子虽小,但他们的心理复杂程度不亚于成人。越来越多的研究结果表明,简单粗暴地对待孩子,会给他们的一生留下阴影。"

"我的一位朋友是心理治疗师。他说,很多成人的问题,都可以追溯到童年时期某件事对个人产生的冲击,如果心理师能够帮助来访者成功地破解往事,那他现在的许多问题都可以迎刃而解。"

"是啊,幼儿园老师是家长之外和孩子接触最多的人。老师有多重要用不着强调。老师如果没有受过心理方面的训练,很难适应这一天到晚被孩子包围的环境。但当下,美国许多幼儿园给老师的报酬对不起老师的教育背景,使得这个职业面临危机。"

"我看你的幼儿园不错呀，当年我孩子的老师大都还在。"

"我的大部分精力都用来留住老师。我的幼儿园老师大多有硕士学位，老师的工资和硅谷一般的工程师不相上下，与附近的斯坦福大学职员的工资持平甚至略高，老师的收入是可以养家的。硅谷的家长也是认可老师的工资的，他们愿意出这份钱。因为在这个世界上，没有比孩子更值得投资的了，而且这项投资是不计回报的。"

"我们中国的家长更是如此，为了孩子什么都舍得。"

"光有钱还不够，我还和当地的大学心理系合作搞一些研究项目，我们的园区设置也适合研究人员和家长观察孩子的行为。我们的老师都有机会和大学的研究人员共同切磋、交流，来这里做研究的大学生很尊重我们的老师，而我们的老师经常在大学讲堂上讲课，他们是工作在第一线的人，对孩子的心理和行为有着直接的观察和看法。每年我都派老师参加一些儿童发展的研究会议，鼓励老师为专业杂志和会议供稿。这些都让老师对自己的工作有荣誉感和责任感，并时时刻刻认识到自己的责任。我们很欢迎家长参与，一方面可以缓解老师工作的强度，另一方面也可以起到监督的作用。我们学校几乎每个月都把家长召集在一起喝咖啡，讲一讲儿童的心理学，聊聊孩子的情况，和家长商量如何在家里配合幼儿园的工作。有些事对孩子的阅读理解能力的提高有很大帮助，而且只能在家里做，这就是每天晚上入睡前给孩子读书或是讲故事。培养一个孩子需要幼儿园、老师和社区的合作。孩子是大家的未来，是家长的责任，也是我们每个社会成员的责任。"

　　我去厨房煮咖啡的工夫，有人按门铃，接着传来了贝蒂惊喜的声音："露西回来了。你女儿长这么大啦。"

　　"密斯怀特，您看上去既年轻又漂亮。"

　　到底是大学生，说出话来这么暖人。贝蒂冲我挤了一下右眼，笑着说："整天和孩子们在一起，哪里顾得上老？"

# 斯坦福幼儿园的半天（上）

很晚了，突然接到闺密的电话，说是有急事，问我明天是否可以帮她送孩子到斯坦福必应幼儿园。

"当然了，你知道我是多么喜欢那里，谢谢给我这个机会。"我兴高采烈地说。

闺密40多岁才有了这个孩子，宝贝得不得了，什么都是最好的。幼儿园当然首选斯坦福大学必应幼儿园，多年来保持美国私立幼儿园头十名的殊荣。孩子刚一出生，她就报名排队了。儿子3岁时，她终于盼到录取通知书。她告诉我这个消息时激动的样子，后来常被我拿来取笑。

必应离我家不到五分钟的步行距离，由于我是斯坦福教工，我的三个孩子都顺利地进入必应。对于在中国长大，在美国有三个小孩子的年轻妈妈来说，必应就像天堂一样。我会唱的英文歌曲仅限于儿歌，都是当年在必应学的，十几年了都没添新的。我的孩子们早已离开必应，可我还常常参加必应办的活动和讲座，这是一份缠绕终身的难割难舍的情愫。乐得帮闺密送孩子，我可以借机在那乐园里多耗些时间，这是只有家长才有的特权。

幼儿园有 180 个孩子，分成六个班。上午三个班，下午三个班，每个班三个半小时，每班有六位教师。秉持着空间有多大心就有多大的理念，每个班的教室有 300 多平方米，花园有 2000 多平方米，这是我见过的最开阔的幼儿园。

十几年了，必应的教室和花园几乎看不出任何变化。这里所有的家具、玩具甚至马桶，都是根据 2—5 岁孩子的平均身高来设计的。在这样的环境里，孩子们想用什么、玩什么，都可以自己动手，不需要大人帮助。一进教室门，有张桌子，上面摆着班里所有孩子的名牌，桌子旁放着一个大篮子，用来盛孩子们带来的课间点心，通常是水果或奶酪。一位老师坐在桌子后面，欢迎每个进来的孩子。孩子走到桌前，老师和孩子互致问候，孩子把带来的苹果或草莓放到篮子里，然后开始找自己的名牌。对于 3 岁的孩子来说，从那么多看上去好像一样的牌子里找到自己的名字，不是一件易事。老师微笑着慢慢地引导，帮助他拼牌子上的字母，比较了好几个牌子后，孩子才找到自己的那一个。小小的名牌让孩子开始自然地接触英文拼写。戴上名牌，让其他人和他交流时能念出他的名字，这让他体会到个人的尊严。多年来，我参加了不少派对。同胞们办的派对，吃的非常好也很丰富，但鲜有提供名牌的，尽管组织者知道很多人都互不认识。当地人办的派对，吃的花样很少，可是名牌必不可少。正式派对，名牌都是预制的，最不济也是备下纸笔，让大家现场制作。

看来这是从小养成的习惯。

　　我问主任老师是否可以留在教室观察孩子。老师说，他们这里是斯坦福心理系的儿童发育研究部门的观察基地，平常会接待两个心理系的学生做观察员。作为孩子的临时监护人，应该没问题，但要走程序，先到办公室填表，园长批准后再过来。我走进办公室，园长竟没有变，仍旧是文迪斯女士。她那灿烂的笑容一如既往，只是金色的头发变成了银色，看上去慈祥、温暖。文迪斯领着我回到教室，热情地向主任老师介绍我，并告诉我愿意待多长时间都可以。只有一个要求：为避免挡住孩子的视线，我要尽量坐在小椅子上。

　　我戴上刚做好的名牌，找到一个视角最广的角落坐下。

　　孩子戴上名牌后，走进被分为几个区域的教室，每个区域都有一个主题和一位老师。老师并不告诉孩子该去哪里、做什么，只是面带微笑，被动地等在那里。孩子走过时，老师会和他打招呼，是否加入这个区域，由孩子自己决定。

　　第一个区域的主题是制作明信片。桌子上摆着彩色铅笔、明信片大小的纸片，还有正方形的有锯齿边的小彩纸片，俨然邮票。简单的塑料镜框里有三个明信片样本，写着从哪儿来、邮到哪里去。一个是写了一句话，一个画了一只小帆船，还有一个画了一棵树。一个孩子问老师怎么拼写"谢谢"，老师一个字母接一个字母慢慢地念出来。孩子的字写得太大，一面不够，老师告诉他，可以在背面接着写。这个桌子只有一个孩子。孩子问收到明信片的人怎么知道明信片的背面还有字。老师说你在这里画一个星星，他们就会翻过来接着看。

　　另一个孩子问："这个明信片上写什么呀，我想写，可是不知道怎么写，写给谁。"

　　老师说："你和妈妈、爸爸去迪士尼玩，你的奶奶如果收到你的明信片会高兴吗？"

　　"当然了。对，写给奶奶！"

　　"这是什么啊？"一个孩子上半身趴在桌子上，指着两个 xx。老师告诉他，这是小写的字母 x。他又问老师怎么念。另一个孩子讲述他的假期，老师把他讲的写在纸上。他讲完了，老师把纸递给他看，孩子兴奋地说："我也会讲故事了。"老师问："我可以把你讲的故事和同学们分享吗？""那当然。"孩子很骄傲地说。

　　另一个区域是画水彩画。四个孩子围坐在一张小桌子边。老师认真地作画，他在纸上滴了几团水彩，然后用吸管对着水彩团使劲吹，水彩顿时喷散开来，像焰火一样。孩子们觉得吹画很有趣，几乎所有的孩子都完成了一幅，一个孩子画了两幅才走开。老师帮着孩子们把名字写在自己的作品上，然后放在一边晾干。有个孩子没有画画，而是把画纸卷成一根纸棍儿，挥舞着。另一个孩子看见了，也做了一个，两人开始"击剑"，从教室内"打"到花园里。很快，有孩子要求老师示范怎么做纸棍，最后几乎所有男孩子都人手一根，在院子里追跑。纸棍成了当天最受欢迎的玩具。有的纸棍被染成了彩色，有的纸棍是好几张纸做的，又粗又长，孩子管它叫"大炮"。

　　还有一张桌子上摆了许多彩色的纸、胶水和剪刀。老师把彩纸剪成条形，做成纸圈，然后把各种颜色的纸圈连起来，变成一条彩色的纸链。只有一个女孩参与，看来孩子们对纸链项目不感兴趣。待那女孩离开，老师稍微整理了一下桌子，就走到花园，看孩子们"舞剑"去了。

　　院子里，有一张长方形的工作台，三把台钳分别夹在桌边，桌上有一个大盒子，里面装满了约1.5厘米厚的菱形木头片。旁边的一个小盒子里，装着6.5厘米长、3.5厘米宽、2毫米厚的小木头片，木片两端分别有一个眼。六个铁盒子一字排开，里面装着约3厘米长的钉子。桌角摆着三把锤子、三把钳子。老师戴上护眼镜后，用台钳把一张菱形木片固定住，另一张菱形木片摆在旁边，然后把小长方形木片打在两张菱形木片上，往两个眼里钉钉子。这活可不容易，稍不注意就会砸到手。几个孩子围在桌子周围，看着老师用锤子砸钉子，既害怕，又兴奋。终于有胆大的孩子戴上防护镜跃跃欲试。他非常小心，左手用钳子夹住钉子，右手握锤砸。几个钉子之后，他就不用钳子了，只用左手扶着钉子，开始轻轻地一点儿一点儿地砸，一不小心，砸到手上。老师看到没有流血，也就不动声色。孩子把手指放到嘴里嘬了嘬，接着砸。我数了数，有三个孩子看了一会儿走了，十一个孩子钉钉子。一个女孩把六张菱形木块摆成一圈，用六张长方形的木片、十二个钉子，把这个圈钉在一起，涂上红颜色，看上去像一朵花。

# 斯坦福幼儿园的半天（下）

　　三个男孩在院子里的草地上嬉笑，后来其中一个孩子不开心了，三人开始发生争执。老师过来提议玩追人游戏，孩子们很高兴地和老师一起玩。另外两个小孩想加入追人游戏，老师鼓励身边的孩子向他俩发出邀请，就这样五个孩子玩在一起。

　　院子里有一座离地面一米的独木桥，大概四米长，桥中间还有一处障碍。孩子们小心翼翼地过桥，经常有人摔下来，但没有人哭。他们都重新爬起来，拍拍屁股接着玩儿。

　　教室外的屋檐下，长方形的大水盆里面放着一个无色透明的塑料盒子，也装了水。孩子们用小容器盛水，装到大容器里面，一边装一边数。看似平常的游戏，孩子们从中了解了单位、体积和漂浮的概念。一个孩子往一个容器里滴了几滴红色的颜料，其他孩子也开始加入其他颜色。水颜色的变化，让孩子们觉得很新奇。

　　主任老师走到我身边悄悄说："我们马上要进行防灾演习，听到警铃后到大树下集合。"

　　不一会儿，警铃响了。老师喊："地震了。"

所有人都放下手里的东西，跑到院子里的大树下蹲下，捂着耳朵，直到老师说"地震结束了"，孩子们站起来，老师开始点名。前后大概十分钟。

两个小时过去，几乎所有孩子都在院子里玩。我看见三个老师进屋，把桌布铺在五张圆桌上。课间点心时间到了，孩子们全去卫生间排队洗手，然后围着桌子落座。每张桌子有六个孩子和一位老师。篮子里的水果和奶酪被分成五份。必应提供饼干和牛奶。

离我最近的桌子有四个男孩、两个女孩。老师先给每个孩子倒一杯牛奶，然后一边切苹果一边说："这个苹果颜色多好看呀，我们一共有六个小朋友，我该把苹果切成几块呢？"

她把切好的苹果放到盘子里，递给身边的孩子，挨个儿传了一圈，每个孩子都拿了一片。老师说："今天又有一包烤海苔，你们看这么一叠海苔，每个小朋友可以拿几片呢？"

一个孩子说："三片。"

另一个孩子说："我们有六个人，三片可能不够。"

第三个孩子说："要不我们每人先拿两片，看看能剩下几片？"

老师说："这个主意不错，我们试试吧。"

每个孩子拿了两片后，老师让孩子们数还剩下几片。

"十片。"孩子们说。

"每人可以再拿一片。"

"现在剩下四片了。"

"怎么分呢？"

孩子们盯着桌上的四片海苔，突然一个孩子把一片放到一边，然后说："每人半片。"

老师认真地把海苔对半撕开，剩下的一片她自己吃了，然后说："今天该谁选书呀？"

一个男孩子站起来说："该我了。"他跑到书架上拿了一本书递给老师。

孩子们一边吃，一边听老师念书："从前，森林里有两只虫子，玛丽和杰克。有一天，玛丽说我要爬到树上看风景，杰克说要钻到地下看树根。玛丽爬呀爬呀，越爬越高。杰克钻呀钻，越钻越深。玛丽爬累了，就在树枝上睡着了。当她醒来时发现自己变成了一只美丽的蝴蝶，她飞累了，想落下休息。杰克钻累了，爬出地面想透透气。他俩不期而遇，杰克认出了玛丽。他说：我很后悔，如果当初我也像你一样爬树，现在我也会飞了。玛丽说：有你在树下松土、施肥，让树苗壮生长，我们才有这片美丽的森林家园。我小时候和你一样是条虫子，不管我现在变成什么，我们永远是朋友。玛丽和杰克拥抱在一起。"

书念完了，孩子们也吃饱了，他们帮老师收拾完桌子，一转眼就跑散了。

花园里，几个孩子开始用大积木搭城堡。这种积木最小的也有砖头大，中间是空心的，用这样的积木很快就能搭成能容下孩子的房子或城堡。与此同时，几个孩子在屋里和老师一起整理照片，这些照片都是老师平时在课堂上拍的。他们先识别照片上的同学，然后把相应的名片找出来，和照片贴在一起。

"城堡"建好了，小建筑家们看到同学整理出来的照片和名字很高兴。和孩子们一起搭城堡的老师问："如果我们把相片挂到城堡的墙上会是什么样呢？"

孩子们立刻找到胶条，把相片粘在城堡的墙上。教室里，正在整理照片的孩子看到城堡上的照片，就在城堡边上用积木搭了一道很长的墙，然后在每块积木之间加上一张照片。

城堡、长桥和彩色照片放在一起，变得很显眼。所有孩子都加入进来。

一个孩子突然说："这长长的一列积木，多像火车呀。"

另一个孩子说："对呀，我们全班同学都坐在这列火车上。"说罢，他拦腰抱住身边的同学，模仿火车的鸣笛"呜呜呜"，在场的孩子立刻有样学样，结成了一列长长的"火车"，在花园里呜呜地跑着。

与此同时，我注意到一个女孩子安静地站在一湾积水边。她先用手指轻轻地触摸水，然后找来一根树枝，在水里轻轻地搅了搅，退后几步，看着涟漪慢慢扩大。水面平静以后，她又搅了几下，然后盯着水面。这样重复了好几次。

她左边有几个孩子在玩篮球。在她身后，一群孩子在建城堡，另一群孩子在玩追逐游戏。即使全班同学组成火车绕着院子跑，这个女孩也没有分心。她全神贯注在这一汪清水里，享受着和水的亲密关系。

过了好久，我看她拉着走过身边的老师的手，指着水，嘴里念念有词，老师蹲下身子听。现场有三十个孩子、七个老师，但除了孩子们偶尔的笑闹声，整个园区很安静。一般情况下，十步之外听不到说话声，无论老师还是孩子，都刻意压低声音。

"请把你周围的玩具放回原位，故事会就要开始了。"老师一边轻轻地说着，一边帮助孩子们收拾。不一会儿，所有孩子都围坐在一张直径大约 6 米的地毯上。

主讲老师坐在一把小椅子上，她首先带领大家唱了一首哑语歌，孩子们用哑语表达出山、海、树、花和心。接着又唱了一首西班牙语歌。然后老师说："今天简妮想和大家展示她的画。"

简妮在小朋友们的掌声中站起来，走到老师身边。她小脸通红，紧张得说不出话。老师和她耳语，她点点头。老师说："简妮今天让我帮她转达她的话，她今天做了这个木头花，很大，很特别。我说的对吗？"

简妮点点头。老师问还有什么要向同学们讲的，简妮摇摇头，走回地毯坐下。

老师开始讲故事："从前，有一个人拿了一大筐帽子到集市上卖。中午了，天气很热。他走到一棵大树下，把那筐帽子放在树下，然后靠着筐睡着了。谁知一群猴子从树上跳下来，拿走了筐里的帽子。

他醒来一看，帽子不见了，满树的猴子拿着他的帽子兴高采烈地玩耍。他冲着那些猴子大声叫道：猴子，赶紧把帽子还给我。猴子们有样学样，也指着他，叽叽地叫着。他气坏了，跳着脚，一只手捂着头上唯一的帽子，一只手挥着拳，大声地喊：讨厌的猴子，赶紧把帽子还给我。猴子们也捂着帽子，指着他，在树枝上跳着，叫得更响了。他没辙了，懊恼地把头上的帽子摔到地上，这时猴子们也不叫了，学他把那些帽子扔到地上。他喜出望外，高高兴兴地捡起帽子，继续到集市上做买卖。"

故事讲完了，半天的课程就结束了。闺密的孩子带着他当天制作的艺术品，拉着我的手蹦蹦跳跳地离开了幼儿园。

晚上很晚了，闺密才来我家接孩子。我一句"很享受"堵住了她的"千恩万谢"。

"我今天没看到蝴蝶孵化箱，当年我的三个孩子都目睹了虫子化蝶。对幼小的孩子们来说，那简直是奇迹。大儿子9岁时，学校组织他们年级去蝴蝶谷，我也跟着去了。我看到三只蝴蝶落在儿子的肩膀上，即便他随着同学走动，蝴蝶也不飞走，同学们围着他啧啧称奇。回家的路上他揭开了谜底：进蝴蝶谷前，我挤了几滴新鲜的橘子皮汁，抹在夹克上。这是必应幼儿园老师告诉我的，我一直记着。今天一试，还真灵。"

# 斯坦福幼儿园的套路：玩着玩着就学了

因为我在斯坦福大学工作，三个孩子先后都进了必应幼儿园。贝斯是他们的老师。现在，孩子们都长大出窝了，但他们依然记得贝斯。看得出必应的时光在他们的心灵里留下了抹不去的痕迹。我和贝斯的情分也随着年龄的增长而加深。

最近我和贝斯约了一次下午茶，回忆起当年的趣事。贝斯笑了，说："大约从两岁半到三岁，孩子们开始寻求和别的孩子交往。此时在他们眼里，小朋友比父母还重要，这是天性。这个年龄一定要让孩子上幼儿园，一个好的幼儿园会影响孩子的一生。

"大家都说必应幼儿园好。你看吧，每天家长都来接了，孩子们还不愿离开，还要在园外的草坪上玩上一会儿。好幼儿园，就是要从心底里把孩子放在首位，尊重他，鼓励他，让他开心。坐在教室里认字算数只能让家长开心。最能让孩子们开心的事莫过于玩。孩子们在玩的过程中自然而然地学到很多东西。当然玩有玩的路数，好的幼儿园都有自己的套路。什么是玩呢？我认为，玩就是重复的、自愿的、没有任何功利和目标的令人心情愉快的活动。

　　"别小看这玩，在玩的过程中，孩子们制订规则，遵守规则，互相对话，重复进行他们认为有趣的动作。在这个阶段，孩子们通过观察、互动和对话学习知识和道理。比如说，过家家，孩子们进入父母和子女的角色；组织一堂课，小朋友扮演老师和学生的角色。特别是扮作父母或老师，在进入自己所扮演的角色之后，通常对自己的能力有更高的要求。因为他们所扮演的角色，比自身要高大。他们模仿大人的语言和行为，有点'假正经'。他们刻意选择一些平常不用的词语，往往超过孩子实际年龄所应掌握的词汇量，孩子们的社交能力和语言能力都得到了提高，无意识中孩子们在成长。开个小店，孩子们收集、分类物品，标价，假装成售货员或者顾客。记得你大儿子他们那一批孩子，居然还做了钱币，算数就这样玩着玩着进入孩子们的世界。这个过程被当时在课堂观察的大学生记录下来，后来发表了一篇论文，引起了不小的争论。每当孩子们开启这些带场景的游戏，老师都小心翼翼地呵护，让孩子们尽情地发挥。除非遇到玩不下去的坎，老师是不会介入的。

　　"说到玩，当然离不开玩具。孩子们玩那些有启发性的玩具时，首先会想为什么要玩这个玩具，这个玩具有什么功能，怎么才能玩得转，会帮助他达到什么目的。如果两个以上的孩子在一起玩，他们会切磋。很多时候，孩子能够发现玩具的更多功能。即使是随便的毫无目的的追跑，孩子们也可以不断提高自己的社交功能，发现更多有趣的事件，从而培养好奇心。玩是孩子们收集数据、分析数据、接受反馈的自然过程。"

"照这么下去，孩子玩疯了，以后上学收不住心可咋整？这个世界可不是玩的。"我提出疑问。

"玩是为了开心，这么大一点的孩子还不是怎么开心怎么来。乐观积极的心态，是孩子一辈子幸福的基石。在幼儿园就被管着，这也不成，那也不对，到处碰壁，用不了多久，孩子的好奇心就会荡然无存。无趣无味的他将来怎么面对这个日益个性化的充满变数的社会？话说回来，爱玩会玩的孩子一般不死心眼儿，在成长的过程中，他会根据他的朋友及环境不断调整自己。我看得多了。"贝斯正色道。

再争下去，倒显得我不是玩大的了。我左顾右盼想找个岔子，突然身后的游泳池响声大作，一对鸳鸯没头没脑地栽了进去。我俩大呼小叫撵鸭去也。

# 硅谷妈妈也焦虑

　　想不到"空巢"的我，竟被社区的暖心嫂子邀着去参加小镇高中生妈妈们的早茶聚会。据说硅谷是宇宙创新中心，而我住的小镇帕拉阿图，被谑称为硅谷的中心。帕镇居，大不易。镇上的中年男人，随便拎出一个都是小有成绩的外加满脑门官司的企业家，而他们的太太们，无论妆容和气质看上去多么淡雅，凡是家里有个把高中生，保准满腹热情横流，一腔焦虑闷骚。孩子上哪所大学是她们永恒的话题。这不，宽敞的厅堂里，三十来位妈妈，全是亚裔，围着一张大桌子坐了两圈儿，两位塴眉耷眼的爸爸坐在第三圈。在咖啡和蛋糕的香气里，十台好戏，绕着一个主题"考大学"同时开场。听着听着，我直后悔：我家有过三个高中生啊，那节骨眼儿上，我怎么不知道这些信息呢？回家后，满脑子碎片，不管了，先倒腾到纸上，您挑着看。

　　"去年我儿子遇到一个奇葩的数学老师。课堂上，他解题解到一半解不下去了，就去谷歌搜了一个相关视频给学生们看。因为有教师工会，你还拿他没法子。请家教是唯一出路。"

"我同事的女儿数学非常棒，一直在跳级，十年级①时就去斯坦福上数学课了。你可知他花多少时间在女儿身上啊。他说美国的数学教科书写得啰里啰唆，概念不突出，看蒙一个算一个。那些题貌似简单，一看就懂，一做就瞎。学校老师留作业时会挑单号题或双号题。孩子要想取得好成绩，就得把书上单双号的题全都做完。这些题的答案本都可以在亚马逊上买到，做完了以后一定要对答案，及时纠错。然后再做两遍，熟能生巧。考试的时候就看出差别了，一道题，别人用三分钟，她只要五十秒就搞定。"

"建议孩子们尽可能选修二级数学课，内容涵盖三角、矩阵、级数、向量甚至部分微积分。虽然难度大，但考生容易得高分，因为容错率高，摆在成绩单上，容易晃到大学录取官的眼。"

"平时成绩对于大学录取要多重要有多重要。如果孩子的平均成绩不太好，比如说有两个 B 或者一个 C，那么平均起来一定是在3.5 以下。瞧你脸酸的，教你一招，十年级暑假时，去咱附近的社区大学选一两门高中不开的课，比如摄影之类的，很容易得 A 的。当然选这些课之前要得到高中的批准。"

"还有一个丢分的陷阱，大家要注意。比如说化学课，一个年级有四个班，A 老师教两个班，B 老师教两个班。考试的时候，出题的是 A 老师，我儿子在 B 班。预习课上，B 老师留了五道题，我

---

① 美国没有完全统一的学制，总体而言，美国的孩子从小学到高中，需要花 12 年的时间。十年级相当于国内的初三毕业。

儿子都认真做了。考试的时候才发现，四道半都是生题。你总不能去要求老师干什么吧？唯一的法子就是让儿子和 A 班上一个学生交朋友，互通消息，权当训练 EQ 了。"

"如果你的孩子基本功很扎实，那就选一些荣誉课程或 AP 课程①吧。这些课程比普通课程多加一分，当然作业时间差不多翻倍，两种课程主要的差别在于是否需要描述得到答案的过程，AP 课程聚焦于测试学生的逻辑分析和文字表达的能力。稍不留神，这儿减一分，那儿扣两分，很难拿高分儿。但如果孩子能摸清老师的套路，对了他的口味，丢分就是小概率事件了。这方面男孩很吃亏的。"

"选多少门 AP 课程取决于你的孩子有多少时间。建议在十和十一年级之间先把所有的主要课程修完，因为十二年级一开始就要交大学申请了，需要这些主课的成绩。时间管理能力是至关重要的。"

"大学录取时他会看你 AP 课程的质量，而不是论多少。比如艺术史之类的 AP 课程，容易得 A，明摆着就是为了拉分用的。"

"生活技巧这门课是必修课，课时很长，但是对大学录取没有任何影响。可以等到十年级再修吗？""那你就祈祷你的孩子不会在十年级谈恋爱吧。再说了，你会花多少时间跟你孩子讨论生活常识、男朋友、女朋友、艾滋病、穿着打扮，还有社交潜规则呢？早学早托生，我儿子现在每天早晨不抹发胶不出门。"

---

① AP 课程的英文全名是 Advanced Placement，俗称美国大学先修课程。美国高中生选修 AP 课程，在完成课业后参加考试，得到一定的成绩后可以获得大学学分。

　　"建议妈妈们查一查孩子是不是必修课都修了，像我儿子快毕业时，才发现没有修职业规划课，赶紧恶补。否则连高中都文凭都拿不到，还谈什么大学。其实，这个课真的挺实用的，他学会了做柠檬鸡、烤面包，给汽车换机油、换轮胎和做日常保养。"

　　"建议孩子们在十年级和十一年级的暑假参加他心仪的大学的夏令营，但这个夏令营是考进去的，而不是阿猫阿狗都可以上的那一种。问题是，现在进入好的大学办的学术性夏令营，恨不能比进常春藤<sup>①</sup>大学还难。"

　　"是的，在我们的高中，曾经有这样一个孩子，成绩平平，很少得过 A。他担任学生会主席，参加很多活动，表达能力很强，立志要当医生。十一年级暑假，他考进了霍普金斯大学办的学术夏令营，修了一门最难的课，脑神经科学。夏令营结束时，他的成绩在来自世界各地的 400 多个精英孩子中名列第二。那个大学的录取官当场就对他说：即使你的成绩里有个把 C，我们也会录取你。好的大学会从各个角度评价学生的学习能力。话又说回来，如果你没有什么突出的机会和才华，还是老老实实地尽力提高平时的成绩。高中转给大学的成绩单是两份，其中一份是这个学生的成绩单，另一份是全年级的成绩概况，一眼就能看出学生的学术位置。咱们高中应届

---

① 　常春藤联盟( Ivy League )是美国的一个高校联盟，包括宾夕法尼亚大学、哈佛大学、耶鲁大学、哥伦比亚大学、普林斯顿大学、布朗大学、康奈尔大学、达特茅斯学院。这八所都是美国的一流学校，因此"常春藤大学"常作为顶尖高校的代名词。

毕业生有 480 多人，有 200 人平均成绩在 3.7 以上。"

"关于孩子选课，要避免那些既费时间，又对申请大学没什么帮助的课，比如生物 AP 课程，它比普通生物可要多花一倍的时间。而且，如果你申请大学需要 SAT2<sup>①</sup> 生物考试的成绩，生物 AP 课只覆盖这门考试内容的 60%，你还得找家教补课，多划不来。"

"通常好的大学都需要三封推荐信，两封出自高中老师，一封可以出自校外的人。推荐信比学习成绩还重要。要想得到好的推荐信，孩子平时在校一定要收敛性子，表现出与年龄相称的成熟。家长也要多花些功夫，把孩子的功课和课外活动分门别类整理出来，交给老师，好让他有东西可写。要不，学校那么多孩子，老师哪记得谁是谁呀？至于第三方推荐信，如果你请校外的人写，最好找那些看上去靠谱的人，倘若蒂姆·库克<sup>②</sup>给你的孩子写了一封，我劝你直接扔进垃圾桶。"

"如果经济上宽裕还是找个升学指导，不用找自称能帮你的孩子进常春藤的那种。而是找那种和你孩子对脾气的，以孩子的直觉为唯一标准。因为大学申请和等通知的过程，孩子心理压力很大，这个年龄又不愿跟父母讲。有个第三者和他聊聊，有助于纾缓他的

---

① SAT，英文全称"Scholastic Assessment Test"，中文名"学术能力评估测试"，由美国大学委员会（College Board）主办，其成绩是世界各国高中生申请美国大学入学资格及奖学金的重要参考。按照考试内容不同，SAT 分 SAT1、SAT2。SAT2 亦称 SATII，是一种专项水平测试，考查学生某一科目的水平。目前 SAT2 的科目分为数学、科学、语言、英语、历史与社会科学五大类。其中科学类有物理、化学、生物三门。
② 蒂姆·库克，苹果公司首席执行官。

情绪。"

　　厅堂里人声鼎沸，我再也听不清了，起身要走。

　　"你有什么要说的吗？"主持人问我。

　　我看了一圈满屋子摩拳擦掌的妈妈们，轻启朱唇："孩子们知道咱们聚在一起聊这事儿吗？"屋子里顿时静了下来。我接着说："昨天我家下水管道堵了，水管工来了两趟，通管子要了我800多刀[①]，明儿找人补墙洞，还不知道要挨多少刀呢。大伙儿接着聊，我去劝儿子当水管工。"

---

① 海外华人，尤其是生活在北美的华人，习惯将美元的计量单位叫作"刀"，取美元"dollar"的发音似"刀落"。

# 集中营似的夏令营

因为女儿，我再一次降落在丹佛机场。这一次是去科学夏令营看女儿。三个星期没见，女儿看上去脸色有些苍白。夏日的科罗拉多州，太阳与加州一样毒，我原本以为女儿会变成小棕熊呢。

这个专门为高中生举办的科学夏令营 SSP（Summer Science Program）成立于 1959 年，是美国历史最悠久的夏令营之一。夏令营设在科罗拉多大学波德分校天体物理系，这个系在 2000 年有三位教授获得诺贝尔物理学奖。夏令营一共有三十名高三学生，来自全美各地，一水儿的花季少年。在这有山有水的美丽校园里，他们每天上六个小时的课，四小时做作业，周六还加半天课，凌晨一点到三点去天文台用望远镜观看星空。

课程集中在三个最不人道的领域：数学、物理和计算机编程。在这五个半星期的夏令营中，每人要通过天文望远镜锁定一颗小行星，记录它的轨迹。然后通过数学和物理课程的学习，计算小行星的轨道数据，用计算机编程处理数据，预测小行星的轨道，最后通过天文望远镜的观察结果，来验证预测的准确性。

我转了一圈，课堂、工作室、天文台都在一座楼里，共同点是都没窗户。我不由得脱口而出：这哪里是夏令营，是真正"暗无天日"的集中营。

"妈妈！"女儿大笑着摇着我的胳膊，"我很高兴能来这里，三位教授讲课像水晶一样清楚，而且很有趣。同学们都是文理双全，做研究、讲笑话、策划活动都是我从未体验过的高趋。他们很多人都是编程高手，给我很多帮助。四位助教都是大学毕业生，和我们同吃同住同工作，让我们觉得很亲切。还有我终于锁定了小行星，代号是 1999 ML……（后面的字母没记住），已经收集到了足够的数据。接下来的两个星期就可以运算了。"

说着说着，我们跨过小路，来到她的宿舍。从宿舍到天文台只有三十米的距离，这就是女儿每天的活动范围，每当半夜起来观天象，都有保安人员护送，妥妥的"集中营"。

我问女儿："这么高强度的夏令营你怎么可以坚持下来？"

她说："每天都很有挑战，作业真的很复杂，每天中午完不成时就很难过，下午拼命做。到了晚上，所有问题都有了答案，我又开心了。一天又一天，我就这么过来了。现在，我开始期盼问题出现了。这个时刻有人帮助你，回答你的问题，所以学到很多东西。我们不可以把作业带回宿舍，必须是大家在一起做，互相帮助，培养团队精神。我的同学、老师、助教都太好了。还有，我们吃得特好，你看这宿舍楼，低头是湖，抬头是山，安静而美丽。"

女儿说这话的时候，我看到她褐色的眼珠点缀着两颗熠熠生辉的钻石。宿舍的门打开了，里面两张床，一张是空的。

女儿说，"我的室友来自华盛顿州，她不到一周就走了，而且再也不回来了，很可惜，她要是再待几天就能体会到这里的独特之处了。"

我紧紧地搂住女儿，她和她瘦瘦的肩胛骨一样清冽坚强。我的眼睛酸酸的。

女儿推开我，说："Come on，我没告诉你，就怕你这套。我现在一个人独享这个房间，全班数我好特权呢。你在这儿歇一会儿，我去去就回。"

由于一大早赶飞机，躺在床上，我很快就迷糊过去了。在梦中，我回到了四年前，我带着女儿来到科罗拉多美国国家奥林匹克中心，参加艺术体操项目国家队选拔赛。我帮女儿把头发高高盘起，她自己化妆，我只帮她画眼线。她最后在上眼皮贴了几粒水钻，她的体操服缀满了水钻，当女儿的名字在大厅中回响，她踮着脚尖，抖着浑身的璀璨，飘到赛场中央。女儿参加绸带、棒、球和圈四个项目，伴随着音乐，翻转腾挪。她化身为精灵，场上观众随着她惊呼、惋惜和鼓掌。虽然没有入选，但她完美地演绎了我与生俱来的对布娃娃的所有想象。

女儿回到房间，我从床上坐起来。她一见我就笑了，让我照镜子。我一看，眯了这么一小会儿，眼线变成了黑眼圈。女儿递给我她的化妆袋。补过妆后，我们又回到会场。麻省理工学院和加州理工学院的招生主任分别给学生们讲学校的特点，他们还请来了著名校友助阵。绝大部分学员都应邀提供了自己的信息。对这群学生来说，这两所大学是他们心中的殿堂。而经过千挑万选的这群学生，也是这两所学校梦想的生源。我女儿没有填表。

我说："你不是一直想学理工科吗？这两所学校挺好的，你不想去吗？"

她说，"我们现在学的是大学三年级的课程，我要好好想想大学我到底要学什么。"

SSP 每个学员近六周的费用是 4700 刀，实际费用将近 9000 刀。很大一部分人，包括路费都是全免的，资金来源于半个多世纪以来营员的捐助。这些人都是美国科技界的精英，SSP 对他们的事业产生了重大影响。他们每年都有聚会，畅叙友谊，讨论 SSP 的前途，并募集赞助。有个参加了 1962 年夏令营的老人上台讲话说，你们从此顶着 SSP 的光环行走江湖，要记住你们的社会责任。这话儿听上去怎么这么耳熟？

晚上 9 点，我们参观天文台。这是我有生以来第一次摸到真正的天文望远镜——不是直接冲着天空看，而是通过电脑操纵，图像全在屏幕上。

女儿一边熟练地敲着键盘，一边说："在这望远镜里我看见过太空站、小行星，非常清楚。"

　　我思忖着，见女儿在星空中探索，她未来的人生会有什么样的眼光呢？教授说，这正是 SSP 选择天体物理为主题的原因。不巧是阴天，或许是我毕竟没修炼到那个层次，什么也没看到。天黑了，她依依，我不舍，但这是女儿的天地，观众必须清场。

　　回到饭店，女儿发来短信："明天 Steve 来演讲，他曾是 SSP 营员，五次飞航天飞机，还太空漫步修哈勃。我这里很好玩，放心。"

# 走访芝加哥大学

    女儿今年申请大学，学校放假三天，我们娘儿俩来到芝加哥大学，事先她已经登记招生办组织的介绍会和校园游。

    芝加哥大学是传统的文理学院，经济系和商学院出类拔萃。女儿选了一门工程学院的课旁听，是讲 Matlab（一种计算机软件）的课程，50 分钟。我也装模作样地在教室挑个角落入座。放眼望去，这节课有十八个学生：三个女生中两个是亚裔；十五个男生，两个亚裔，其中一个印度裔，其余的都是白人。

    课堂上，有学生发问，老师并没有直接给出答案，而是先鼓励其他的学生回答，然后他补充。如果没有同学回答，他就换个角度再问一个问题，然后鼓励学生回答，最终引到那名学生需要的答案。上到 40 分钟的时候，唯一的白人女孩离开了。我前面的这一对儿，男生不停地在研究生院、环境科学、市政工程的网站上流连，最后还溜到了 GRE 考试网站。他旁边的女生看了一会新闻，就低头玩手机。所有的学生都用教室的计算机，只有两名亚裔女生自带苹果电脑。

    接下来一堂课是心理统计，偏重人文，总共十三名学生，其中八名女生。这两门课都是本科课程。看来芝加哥大学是小班上课。

课后女儿去参观校园，我乘机走进大学的东方博物馆。放眼一看，不由得倒吸一口冷气：上溯五千多年的两河流域的文物把几间大屋子挤得满满当当，布满楔形文字的纸、五米多高的法老雕塑、五腿人首牛身壁雕、死海经卷残片、色彩艳丽的木乃伊、十多吨重的花岗岩牛头，每一件在其他博物馆都可以配得上镇馆之宝。这么多无价之宝聚在一起，堪比大英博物馆，真真让我下巴脱臼，揉一揉，觉得芝加哥大学真是太奢侈了。门票免费，录音导游器居然有中文讲解，有机会来这里千万不要错过！

我和女儿拜访了商学院金融专业的丛林教授。他说如果将来选择教学，本科可以学经济；如果想从事金融工作，本科最好学物理或数学；未来有发展前途的行业是计算机和金融。

# 邻家有仔不"哈"佛

"啁啾"了二十几年的窝，这回真的静下来了。孩子们都扑闪着翅膀，高高兴兴地离开了家。几个和我一样境遇的妈妈为了打发共同的空巢寂寞，常常聚在一起喝一杯。今天轮到我做东。

凯文妈的到来着实令我们意外。之前她女儿上了耶鲁，我们周末偶尔还一起远足，但当她宣布儿子凯文上了哈佛，她就成了我们中的异类。"今儿是哪股风儿把您吹来了？"我款款上前接驾。

"阴风儿！"凯文妈虎着脸，把自己扔到藤椅里，抽水马桶拉了把儿，说起来哗哗地。

"我儿子有个高中同学叫孟柴，是印度裔，因为得英特尔奖被哈佛录取了。可他上了半年学就休学了。他的老爹原来是计算机工程师，应该是挣了些钱。这老爹给儿子一些钱，鼓动他做投资。这孟柴也不含糊，找到那些非常优秀、在某个方面很突出的同学，比如说计算机编程特厉害，或者是在高中期间就进入大学实验室做关于癌症研究的，当然还得考上名牌大学。孟柴给这些同学一些钱，鼓励他们创业，成立公司，他以投资换取公司股份。去年暑假，他来我家邀请凯文一起去国家公园野营。他对我儿子说，你总是那么酷，什么到你身上都是范儿，你太有时尚天赋了。我投资给你28000美元，我不管你做什么，都会特棒。孟柴说，这28000美元作为启动资金，占公司40%的股份，我儿子占60%。野营归来，我儿子就开始琢磨怎么用这笔钱。秋季开学，他人回了学校，心飞向了纽约。从此，只要不上课，他就往纽约跑，没闲了一天。波士顿和纽约来回光火车就要坐八小时，孩子每天就这么跑，学习也落下来了，头一个学期全是 A 或 A ＋，这个学期全是 A-。

　　"两个月下来，我儿子决定制作销售高端男士西装袖口，从设计、打样到最后的产品，忙得团团转。第一款产品出来了，咨询了同行的专家后，定价为1000美元，走定制路线。纽约金领多，这是一个特殊市场。看到公司有了产品和经营模式，孟柴决定和我儿子一起做这家公司。我估计他投的其他项目都残了，只有我儿子这个算是有了眉目。这时我儿子才告诉我他这一个学期都干了什么。我和先生听得目瞪口呆，他乘势宣布寒假过后要从哈佛休学，专心做公司。

　　"我和老公都劝他，为了这点小生意放弃哈佛不值得。那个'小'字顿时把他给惹翻了，他吼道：'我已经和孟柴签约，我们俩各占40%，我已经成人，你们别再掺和了。'我儿子太傻了，这家公司从头到尾就是他干起来的，现在他只占40%。不就是28000美元吗？我和他爸分分钟都能拍出这笔钱。"

　　"哎哟，你早干吗去了？孟柴和他爹对你儿子的信心比你和你老公还大。28000 美元，真金白银，投给一个十几岁的毛孩子去做这么不靠谱的生意，真佩服这老印！要搁我，再添个万儿八百的，买个房子当收租婆。"温妮妈说。

　　凯文妈的情绪丝毫不受影响。她说："你知道我儿子从小就是拧脾气，认准了道儿就一头扎下去。这就是他为什么能上哈佛，当然这也是他为什么要从哈佛休学。孩子大了，我和先生也不敢太犟。就这么着，凯文寒假后就从波士顿搬到了纽约。他和孟柴租了一个小公寓，没日没夜地开始了生意。顶着哈佛的光环，他俩常常可以和纽约的名流喝咖啡，时不时还能收到一些时尚派对的邀请。到了春天，他们聘请了商业顾问。这顾问可真不含糊，他对这两个男孩说，你们是哈佛的学生，就要有哈佛的气度，把利润的一半捐给那些帮助青年人办企业的团体。他俩照着做了，此后业务发展进入了加速期。五月，我千磕万求，使尽招数，他终于同意我去纽约看看他。儿子变得我都认不出得了，长高了小半头，肩宽了，脸瘦出了棱角，脸色虽然不是苍白，但加州的金麦色全退了。在纽约灰蒙蒙的天空下，他向我走来，像极了画报里的模特。儿子好辛苦呀，白天除了去工厂就是见客户。由于主打定制，所以客户要一家一家地谈，夜里他就上网查资料。孩子从小到大哪受过这般苦呀，做妈的看着真心疼。可他每天都很兴奋，真没辙。"

　　"你儿子干上了自己想干的事，有几个人能把爱好变成职业？他当然高兴了。"

"转眼暑假到了，儿子回来了，带了一批袖口，真是美轮美奂，公司开了网站，货很快就卖光了。这时，孟柴的父亲起草了一份成立公司董事会的文件，他和凯文、孟柴各占三分之一股份。我很生气，这家公司是我儿一手办起来的，却只有三分之一的股份，他们爷俩要是想独吞，或者搞什么猫腻，一投票，我儿子就出局了。为此，我先生和孟柴的父亲交换了几次电邮，也见面讨论过，要求我儿子占二分之一的投票权。可是他们不同意。我儿子傻乎乎的还要签字，被我们拦下了。这回我和我老公狠下心来，就是不答应。这不，上周他狂哭了一场后跟我说，你们不用操心了，我决定退出公司，回哈佛上学。我陪他到了纽约，帮他收拾东西、打包，然后帮他安顿哈佛的宿舍，看着他注册课程才回来。孩子抚摸着那些亮晶晶的袖口，眼里像含着钻石，他心里苦啊！"凯文妈哽咽了。

"公司成了孟柴一个人的了？"

"那还能咋的？"

"多可惜呀！"

"有什么可惜的？哈佛只有一个，公司遍地流。这点我儿子拎得清！"

"可别这么说，我儿子在加州大学圣塔芭芭拉分校，他的同屋放弃了哈佛，学费只要哈佛的四分之一。同样的原因，我女儿的同学也是放弃了哈佛，选了加州大学伯克利分校，钱是一个原因，更重要的是伯克利的计算机专业比哈佛的强。"

"哎哟，我的大牙都要酸掉了。没哈佛这块牌子，凯文他们能在纽约开公司？摆地摊吧你。"妈妈们七嘴八舌各不相让。

女友们离开后，我搜到凯文公司的网站，和客服套词，几番过后，对方写道："您猜对了，我是凯文。您要哪一款？多谢您的支持！"

# 美国大学申请小贴士

夏末秋初，美国大学申请如火如荼。手快的，暑假已经完成了大部分文书，SAT 成绩不太理想的正在冲刺十月份的最后一次考试。我几乎每天都接到国内朋友的电话："您在斯坦福大学工作了近三十年，又把三个孩子送入大学……"每通电话都这么开头。

送孩子去美国留学，经济压力挺大的。如果学成留在美国，挣美元，还值得努一把力。

可是留美国容易吗？

美国有 4000 所大学，只有三分之一的美国年轻人有本科学位。说句实话，没有国际生，特别是中国来的学生，四分之一的大学会关门。一般美国民众认为，上大学是一种人生投资，如果文凭不能帮助你谋生，还不如不要。公立高中都有职业规划课程，一大半孩子高中一毕业就开始打工。一般说来，18 岁以后就要独立谋生了。

美国的本科教育是通识教育，本科文凭一般不足以胜任专业性的工作。如果毕业后想留在美国，最好选修理工科和实用的专业，比如护士。按照目前美国的规定，这类学生毕业后有三年的实习期，好找工作，不出意外，老板都会给你申请绿卡。特别是计算机科学专业，美国对此有大量需求，领英网上面最热门的工作前十名都与计算机有关。文科类的实习期只有一年，因为美国人学文科的多，供大于求，不容易留下来。像金融、设计、艺术、商科等听起来很酷的专业，在美国找工作不易。当然将来的世界，创意、创新和领导力都离不开这些基础学科，一辈子受用无穷。

最经济的留学是在国内读完本科，建立了很好的社会关系，也明确自己要学什么专业，然后再出来。硕士学位一到两年，花费相对少，毕业后就可以找到专业的工作。如果读博士，一般要五到六年，大部分博士是有助学金的，学费全免，还有对年轻人来说不错的生活费。不论读什么学位，专业是就业的决定性因素。

"我的孩子今年在国内上高二，相当于美国的十一年级，他希望去美国读大学。留学中介建议转到美国私立高中重读十一年级，明年申请大学。您的建议呢？"

美国大学非常看重十和十一年级的各科成绩。十二年级时，学生的主要精力都用在申请大学。如果他来美国上私校重读十一年级，那么明年此时他申请时用中国的成绩还是美国的成绩呢？美国的十一年级不是容易读的，课程复杂、语言困难，考虑到 17 岁的男孩正值青春发育期，离开熟悉的环境和家人，面临着全新的环境和升学压力，即使孩子很努力，也不容易取得好成绩。

"需要给我的孩子请个美国中介吗？"

这里大多是请个升学指导，他的主要责任是帮助孩子管理时间，避免误了申请期限。申请私立学校要提交很多文章，这些文章非常重要，反映了学生的人格。为了写好这些文章，升学指导会花很多时间和考生谈话，引导考生发现自我，最终由学生自己写出来。申请期间，考生情绪波动很大，又不愿意和家长讲，这时有个家庭之外的成人，孩子可以倾诉，减轻压力。还有就是升学指导了解美国各类大学，会根据孩子的特点帮他选择大学。

"我的孩子成绩不错，几乎全是 A。他所在学校是我们这个城市的省重点高中。他今年考了 ACT[①]，成绩是 33 分，您觉得他考上美国头十所名校的几率大吗？"

坦率地说，不大。美国的学校对中国高中的了解有限，大都集中在一线城市的著名高中。有一年斯坦福从南京的一所高中录取了六名学生，他们每人都曾经在著名的国际比赛上获得过头等奖。美国名校主要还是为美国培养人才，国际生录取要考虑到各个国家的因素，还设有一定的比例。像斯坦福，国际生大约是学生总数的 10%。其实美国有不少大学，在中国没什么名声，但美国人很愿意去。比如迈阿密大学，不在佛罗里达州，在俄亥俄州，是所公立大学，成立于 1809 年，科系齐全。出自这所高校的全球五百强 CEO 的人

---

① ACT 考试（American College Test，缩写为 ACT），包括数学、英语及阅读、科学推理四个部分，最高分 36 分。ACT 考试与 SAT 考试有相同的重要性，相当于中国的高考，是美国大学入学与发放奖学金的依据之一。不同于以往检测学生对所学习知识掌握程度的终结性考试，ACT 着眼于测验学生的学习能力、倾向性和适应性。

数排在全美高校头十名，到这个学校招工的单位数是同类学校的四倍，2016 年毕业生就业率是 99.6%。学费 3 万多美元，加上生活费，一年 5 万美元可以打住。学校不错，录取并不太难，国际生占 10% 左右，录取率是 50%，44% 的学生的 ACT 高于 30 分，53% 的学生的 SAT 高于 1300 分。

美国孩子选大学，会综合考虑专业、大学所在地区与费用。如果想在硅谷工作，圣荷西州立大学会是个不错的选择，学费低，工科和计算机系的毕业生几乎全都被硅谷的公司吸纳。苹果公司里最大的校友群就是这个学校的。名校背景对毕业生找第一份工作或许有些影响，而一旦换工作，雇主看重的只是你的经验，至于你之前是从哪个学校毕业的，HR（人力资源部门）并不在乎。

女儿打来电话，她今年进入伯克利计算机工程系，离家三个星期了。她说："我看见 Jose 了，他去年夏天和我一起参加 SSP（科学夏令营），被哈佛录取了。我见到他很惊奇，他说考虑到伯克利的费用是哈佛的四分之一，而且计算机系在全美数一数二，所以放弃了哈佛。"

"啊……"我半天没说话。

"让给我多好呀！"电话的那一头，女儿学着我的口气，把我给逗笑了。

# 美国大学名校申请范文浅析

美国的大学在录取学生时，除了看 SAT 或 ACT 成绩，申请书是重要的考核内容。写申请书的过程，如同把自己变成一幅自画像，它要显露出古典画的底蕴，但上品一定要用印象派的手法，使考官过目不忘。极品是你这幅画正好是那个大学大拼图中的，非常合适的那一小块。美国高中生写申请书与中国高中生高考，可谓异曲同工。

每年五月，《纽约时报》都会从当年的作文中甄选几篇刊登。我在这里引用的四篇范文，原文刊登于 2018 年 5 月 2 日的《纽约时报》。

于同学被耶鲁大学录取。"不是所有博士的儿子都可以在厨房里养小鸡小鸭。但我可以，因为我的爸爸……"这样的开头把博士和小动物两样反差极大的主体放在一起，极易引起读者的兴趣。试想一下，那些招生官在短时间内要看几千份高中生写的文章，这是一份枯燥的工作，看到你的文章时说不定已经困得抬不起头了。因此，一个有趣的开头有吸引人眼球的功效。在这篇文章里，小作者将"对比"贯穿全文：对比他的爸爸在中国"文革"期间的知青经历和他在美国的高中生活；别人的爸爸忙着挣钱，而他的爸爸只做自己喜欢的事，不考虑金钱；别人的父母为了孩子教育而做好几份工，而自己的父亲是居家男人。通篇文章没有华丽的辞藻，句子不长，但很完整。不讲大道理，而是通过细节来表述。读完全文，一个富有创意、文采飞扬、尊敬长者、淡泊名利、人格高尚、乐于助人的年轻人的形象呼之欲出。作者的逻辑也许有可议之处，但或许就是这种打破常规的俏皮劲让他脱颖而出。

同样被耶鲁录取的贝特同学，她的主题是常见的"帮助穷人"。从小生活在大都市纽约的她，对主题的论证走了一条非同寻常的路径：帮助穷人报税。很多人大学毕业，有了工作都不知道怎么报税，一个高中女生能想到做这件事，多么的与众不同呀。她在文中列举了几个贫穷纳税人的小故事。细致的描写，翔实的数字，没有切身参与和体会是写不出来的。"微薄的工资和倒退的公共政策会对经济弱势者带来什么不利影响？我该怎么做才能让此有所改变呢？"招生办的人读到这里时，怎能不被她的人文关怀和鸿鹄之志所打动？

荷思同学被芝加哥大学录取。"我一直以为父亲希望我生下来是个男孩。"这样的开头，在当今美国热论"性取向"的大环境下，可谓引人入胜。作者展现了一幅当代美国农场生活的画卷，主角是她（一个小女孩）和爸爸（一个淳朴的农民），还有拟人化了的牛。在温馨、有趣、有活力的整体基调下，她深入分析了"女权主义"这个词，反映了自己的学术能力。"我的母牛教会了我。"这样的结尾，会不会令你意犹未尽？

被哈佛大学录取的穆松杜同学是肯尼亚移民，家里很穷，父母辛勤劳动为他和妹妹提供了最基本的生活环境。他肯尼亚老家的亲戚生活条件更差，他们很羡慕他，这让他意识到自己的生活比起肯尼亚的亲戚已经好太多。他十分感激父母带他到美国，也感到自己的肩上扛着很多人的希望。他以细腻的笔触描写了物质的贫乏，也不忘表达非洲孩子们的快乐和好奇心。"破旧的公寓，夜晚能听得见动物在屋外不断地嚎叫""满是跳蚤的小狗"这些不时出现的、透着精灵的句子，令读者都会同情心爆棚，不由得要支持和帮助他。

这几篇作文的共同点是内容新颖，与众不同。他们没有炫耀自己的成绩和事迹，而是通过仔细描写周围那些或悲惨，或失败，或充满矛盾色彩的人和事，来表达自己的想法。

选题是最关键的。这段时间，如果你常被某个人或事缠着，甚至一想起就夜不能寐，那么恭喜你，你算是找到主题了。

如果你的高中生活的确没什么可以标新立异的，不妨跳出人类的圈子，把动物或是物件写出彩。要做到打动人心，这样的文章一般都离不开特殊的视角、敏锐的感受与爆棚的爱心。

我认识一个男孩，他的平时成绩很不好，但还是被他理想中的大学录取了，这就是当年乔布斯上的那所理德学院。在那篇作文中，他把自己比作猫，生活就是好吃懒做兼耍萌，但每天晚上，猫为了得到晚餐，会做出很多可爱好笑的事，来吸引主人的注意。这个男孩子用这样一句话结尾：现在5点半，我很饿！

# 叶子红了，孩子大了

感恩节时，黄的红的叶子铺满了门前的街道。我们这条街的住户多年来形成了传统：感恩节的次日扫街。一大早，我和邻居们把树叶沿街敛成堆儿，等路过的扫街车把它们收走。扫着扫着，朱迪说："饶了我这老腰吧，以前这都是孩子们干的活呀。你们家的孩子感恩节也没回来？"朱迪这话像点了穴似的，我们都呆在了原地。是啊，以往每年这个时候，家家户户的孩子都会拿着耙子出来，打着闹着就把满街的树叶子清了。

"扫得差不多了，大伙儿来我家喝一杯吧。"我热情地提议。

客厅里坐不下了，邻居们把餐厅的椅子搬到客厅。我拿出不锈钢的电茶壶，自从孩子们离开，这壶就没在家里露过面。我放了十几个红茶包，辛西娅往壶里添了一勺肉桂粉，拍拍手说："咱们街坊的孩子们都躲哪儿去了？"

"我女儿去西雅图上了一年大学，不知道该学什么，前不久和我说要休学，去南美洲浪一年。"

"我家的被加州大学圣塔芭芭拉分校录取了，但是没去，也不回家住。说是高中毕业了，应该独立，不能再和父母住了。眼下正在北海道喂牛呢。"

"现在的孩子怎么都这么不靠谱？我们当年都是高中毕业就上大学，大学毕业就工作，然后是成家生孩子，买房子。每一步都不落趟儿。"

"不能怪孩子们，过去这四十年，半导体、电脑、互联网、手机，一波接一波，连社交网络都已经熟得透透的了。这些长在科技大树上的果子，几乎都被咱这一代摘光了，孩子们真的没什么可做的了。"

"生物科技应该还有很大的搞头儿。"

"可是学生物的很难找到高薪的工作。我女儿前年从哥伦比亚大学生物系毕业，很不好找工作，幸亏她最后一年修了两门计算机课，最后在一家做生物实验大数据的初创公司做大数据计算机分析工作，工资也不低。我正为她庆幸呢，上个月突然和我说：'最近总听到呼唤，要我为社会奉献，我觉得我能做的是义务教英文。'她就四处递简历，前不久去了缅甸，在当地大学找到了一个两年的英文教职。真替她着急，好不容易改了行，手里还一大堆股票，都不要了，二十好几的大姑娘，荒山野岭的，也没有男朋友，以后回来什么都赶不上了。"我的同胞街坊头摇得像拨浪鼓似的。

"去年蒂芬妮从哈佛毕业，跟我说要改变世界，连家都没回，直接去了非洲中部的一个国家做义工。这一去就是两年。"住在街口儿的约翰说。

"蒂芬妮打小就是孩子头，将来一定是个人物，趁着年轻多看看世界是必须的。"说这话的是斯坦福经济系的教授。他儿子山姆从医学院毕业后就去了中国广州的一家医院做住院医生，是我撺掇去的。山姆告诉我，在广州他一天可以参与三台腰椎手术，而他在美国的同学，一周也赶不上一台。

"咱们这儿一抬头就看到胡佛塔，却没有一个孩子上斯坦福。你家女儿上伯克利，算是最近的了，怎么感恩节也没回家？"

"快别提她了。"琼斯太太满脸的酸，"这星期、和一帮学法律的同学去了得克萨斯州的美墨边境线，为移民提供服务去了。我说你一个学计算机工程的又不懂美国的移民法和政策、瞎掺和个什么。她说她是这帮学生里唯一一个讲流利西班牙语的人，是最重要的成员呢。我时刻都在祈祷她平安归来。"

"伯克利就是这样，学生们个个都觉得天下兴亡，在己一身。"

"玛丽，你儿子现在在哪儿？"

"儿子今年刚毕业，拿了个语言学学位，现在在纽约，怀揣着音乐梦在餐馆跑堂。"

"只要孩子高兴，干什么都行。"

"问题是他并不高兴。因为他挣的钱，在纽约根本不够租个最小的屋子。我若不支持他些租金，他就得成流浪汉。他一边接受我的钱，一边觉得羞愧，气得我一愣一愣的。"

"你就是心软。要我说，甭给他钱。孩子一遇到坎儿，你就拉他一把，他永远在原地打转。你对他没要求，他就没有目标，就永远走不出来。"说这话的是艾米，镇上有名的心理医生。

"我觉得像玛丽儿子这样为了艺术而把自己豁出去的孩子是珍稀品种。"

"大家都空巢了？我家的小鸟儿会依我一辈子。"露西的女儿爱弥儿患有唐氏综合征，和我的女儿同岁，小时候她俩的区别除了外貌，其他的不相上下。爱弥儿长大了，可她的智力停留在5岁，失常越来越明显了，生活上离不开妈妈。"爱弥儿不是我想要的，可上帝把她捧给了我。现在，我发现是我越来越离不开她。爱弥儿对烘烤点心感兴趣，每天都忙个不停，她在镇上专门雇智障人员的咖啡馆找到了一份烘焙师的工作。刚刚还烤了一炉圣诞主题的饼干，加了绿色的开心果仁和红色的蔓越莓干，我这就去拿来正好配红茶。"

"露西可真不容易呀。"我不由得感叹。

"我倒羡慕她常有女儿陪伴，我这满满的母爱就找不到出口儿。"

"养孩子真正快乐的时光就是在孩子13岁前，然后就是无尽的争吵、伤心和牵挂。"

正说着，露西端着一盘饼干进来了。"你家对面的空房租出去了，男主人是法国人，在斯坦福医学院做访问教授一年，他们有三个小毛头，正在卸车呢。"真不愧是街上的"包打听"！"咱们去给新邻居暖暖房？"约翰提议。

一出门，就看见三个熊孩子和一条狗，正向一座座树叶堆发起冲击，一边跑还一边扬树叶子，孩儿欢狗儿叫的。那教授太太看见我们，忙不迭地道歉。

"欢迎你们一家，给我们这沉寂的老街带来生气。"露西一边说一边递给她一个塑料盒子，里面装着花花绿绿的饼干。我们又拾起笆子，有说有笑，亦步亦趋地跟在三个顽童的后面。

# 斯坦福一家三口的雕像

斯坦福大学的全称是小利兰·斯坦福大学（Leland Stanford Junior University）。小利兰·斯坦福是加州州长暨铁路大亨利兰·斯坦福的独生儿子。1884 年斯坦福一家到意大利旅行时，小斯坦福不幸得了伤寒。1884 年 3 月 13 日，15 岁的小斯坦福离开了人间，他的父母悲伤欲绝。老斯坦福说："我的生命失去了意义。"从巴黎开始，斯坦福夫妇为儿子举行了一系列的追悼仪式，长达八个月之久。当他俩带着儿子的遗体到达旧金山时，一个改变世界的决定最终形成了：将大约 33 平方千米的养马场捐献出来，以儿子的名义，为全加州的孩子建造一所大学和博物馆。他们说："加州的孩子就是我们的孩子。"

斯坦福主校区花园通道边矗立着一组雕塑群：六名成年男子，赤着脚，戴着锁链，一脸的悲壮。作品名叫"加莱义民"，由法国雕塑家奥古斯丁·罗丹于 1884 年创作。法国小城加莱在英法百年战争期间遭受英军围困，城内六位市民为挽救全城人民，按照英方的要求，光脚戴链，带着加莱的城门钥匙去见英王爱德华三世。他们时刻提醒着过往的学生：是精英就要有担当。

StartX 成立于 2010 年，是一家帮助初创企业创立和成长的教育性非营利机构，坐落在斯坦福主校区之外的一幢平房里。别看它外表不起眼，成立八年以来，StartX 已经为创业者筹集了 37 亿美元，孵化了 1000 多家企业。这些创业者不仅能得到硅谷的主要投资机构和著名的企业家的指导，而且可以得到从办公地点到公司注册，法律、财务服务等方面的无偿服务。梁园虽好，不是久留之地，最多半年，无论成功与否，这些公司就要搬出去。

PART.2

斯坦福纪事

# 斯坦福大学的科研经费丑闻

　　最近，国内几所高校传出教授贪污科研基金被判贪污罪的事件，这让我想起了二十多年前发生在斯坦福大学的一则与科研经费有关的丑闻。

　　1990 年，我在斯坦福大学电机工程系的一个实验室做科研行政管理工作。这个实验室，有一名教授、八名博士生、两名研究员。我的主要工作就是帮助他们申请政府的科研基金，然后按照申请到的预算，专款专用、按时按点地把这些费用用完。我们所在的那座楼有三层，都是教授和学生们的实验室和办公室。但是有一天，路过一楼的一个办公室，隔着大玻璃窗，我看到里面几个穿着白色海军服的军官，他们神情严肃，热烈地讨论着什么。我在北京海军大院长大，从小就对海军有着特殊的情感。这是我头一次见到美国海军，帅蒙了。

　　第二天的校报，头版头条："斯坦福内部审计没有发现错误"。

　　看着看着，我恍然大悟。昨天，无意间，我见证了一场席卷斯坦福的风暴。海军科研部设在斯坦福校园的办公室，在斯坦福校园存在多年了，主要职能是监督与政府资助的研究项目有关的政策执行情况，平常只有两三个人，穿便装。昨天那么多军官出现，是因为，20世纪80年代末期上任的负责人保罗·彼得里先生公开指责斯坦福滥用研究经费，要求政府派人调查。

当年美国政府主要的科学基金发放部门，都在著名的研究型大学里设有办公室。比如，卫生部就有办公室设在约翰·霍普金斯大学，这所大学主要的研究与医学生物学有关。

保罗经常和教授们聊天。一些教授认为斯坦福向政府要的间接费用率太高了，他们担心这样有可能削弱教授申请科研费用的竞争力。在美国，政府发放的研究经费通常分为两个部分：一部分叫直接费用，是指那些与项目有直接关系的人员和材料的支出；另一部分叫间接费用，用来支付水电、校园维护、行政人员的薪水，等等。间接费用除以直接费用得出的百分比叫做间接费用率。斯坦福1980年的间接费用率是58%，10年间上升到74%。也就是说，1990年，政府每支付给教授100美元的直接费用的同时，还要再支付给斯坦福大学74美元的间接费用。到了1991年，斯坦福更要求上升到78%。这使得斯坦福大学成为全美间接费用率最高的少数几所大学之一。保罗开始怀疑斯坦福大学的会计制度，他审查了斯坦福的账本，发现斯坦福用间接费用支付一些不当的支出，当时被媒体披露的最著名的"支出"有鲜花、丝绸床单、校长婚礼后的招待会，等等。斯坦福立时蒙羞。当年肯尼迪校长正在主持一项历时五年、金额达

11亿美元的项目，眼看着目标即将达成，风光无限。随着审计的扩大，他的光环开始褪色，直至丑闻缠身，在美国教育界和政界引起轩然大波。哈佛、麻省理工学院、杜克等著名大学开始自查。美国政府部门进驻斯坦福审计，肯尼迪校长被要求在国会就间接费用率问题作证。1992年，肯尼迪校长黯然下台，在这种形势下上任的新校长是位法学教授，在他的领导下，斯坦福建立了一套严格、清晰的会计制度。

这场20世纪90年代初爆发的斯坦福滥用科研基金丑闻，波及美国政府部门、国会和法院，媒体常常报道此事，整个大学圈灰头土脸。1991年3月，美国政府总会计师办公室在提交给国会的文件中指出：斯坦福会计制度和审计制度的缺陷，导致该大学向政府的收费过高，达到360万美元，错误的收费近100万美元。但是，过错不能全归斯坦福，政府部门监督不力也是重要原因。斯坦福已经开始改进制度，这些问题在可控范围内。

一直到1996年，地方法院宣布对保罗诉斯坦福故意欺诈案不立案，丑闻才算尘埃落定。六年间，斯坦福没有人因为这件事被判刑，只是斯坦福校长黯然下台，300多名员工被裁员。斯坦福将300多万美元退还给政府。海军办公室从此搬出斯坦福校园，为的是让监督者和被监督者保持一定的距离，避免相互干扰。此后斯坦福的间接费用率一直在60%以下，学校再也没曝过类似事件。

1996年，我调到核磁共振实验室，大部分工作仍是管理研究经费。

新政下，经费报销收紧。一天，一名研究员拿着超市的收据，找我报销。他花了 8 刀，买了一块带血的生牛肉，用于图像扫描。我琢磨着这块肉确实是用来做实验的，要在以前，我会立刻把它列入实验材料消耗报销。但研究员提供的是超市的食品收据，若列入食品类，今非昔比，政府资助的项目不容许报销食品支出。那名研究员看我很为难的样子，说："算了，就当我 BBQ（烧烤）了。"然后给我一个笑容，拿着收据，哼着小调儿，走了。

那以后，我一看到生肉，就想起他那 8 刀。直到有一天晚上，我那花了 20 多刀的羊排，孩子们流了一天口水的美味，变成烤箱里的浓烟，那 8 刀的牛肉才随烟而逝。

# 斯坦福的访问学者

斯坦福 2017 年本科生的录取率是 4.65%，可谓全世界最难进的大学，也成了全世界众多高中生向往的地方。其实斯坦福最棒的不是本科教育，而是研究所。

当然，做斯坦福的研究生也不是一个容易达到的目标。如果你有博士学位，并且在某个专业里学有所成，你就有机会得到斯坦福教授的邀请，不用考托福、GRE，而是作为访问学者，融入斯坦福。目前，有大约 500 名来自中国的访问学者，他们有专业知识，带着问题来，有明确的研究方向，在斯坦福开放包容的学术氛围中获益很多。这些访问学者，都是来自祖国的精英。

周末，我和八名来自广东的学者一起到海边湿地散步，顺便拔了一些野生茴香。太阳下山了，大伙来到我家包饺子。我们边吃边聊，话题总是围绕着斯坦福和中国。以下是我记录的部分聊天内容。

"斯坦福像个聚宝盆，吸引着国际国内的牛人。比如我就见过创新工场董事长李开复、搜狗总裁王小川。昨天晚上，在学校里碰到一个不起眼儿的老头儿，和我谈起人工智能来头头是道。经过询问才知道原来他是中国科学院院士。跟这些人零距离接触，直接交换想法，有时他们会和你讨论一些没在公开场合上讲的问题，可谓受益匪浅。毕竟在国内时，这些人感觉很遥远。"

"作为医生访问学者，我开始只关注医学院。可是，后来我发现工学院很多教授都参与医学院的研究，工学院和医学院相互融合。比如说，我前几天看到一个化学系的教授用质谱仪研究癌症的治疗。这种工医结合的研究方式，加快了技术从实验室到市场的转变。你看那座建在工学院和医学院之间的克拉克大楼，里面的人员来自两边的学院，许多教授下了手术台，就钻进了工学院的实验室，你真搞不清他是哪个系的。"

"斯坦福的研究人员在做某项课题时，不像我在国内那样，仅仅专注于这个课题，而是网撒得很开、面铺得很广，运用多学科知识，多角度地论证问题，详细地记录每一个微小的进展。教授无论名气有多大，都不端架子。他会直率地，有时甚至是谦卑地和我讨论学术问题或实验的步骤和过程。而且，他对细节，特别是研究过程中出现的、以前没有遇见到的细节感兴趣。"

"平时我在免疫科实验室里工作，我经常和实验室里的同事，还有楼里其他实验室的工作人员一起讨论实验程序和结果。我感觉他们非常坦诚，愿意把自己正在做的研究和你分享。我也常听一些报告会，内容大多是某个领域里非常前沿的研究。有的研究成果都还没有发表，他们也愿意拿出来在研讨会上展示，完全不担心可能会被抄袭或利用。这种开放坦诚的学术氛围，让每个人都受益。我最近要在一本专业期刊上发表一篇论文，一共八位作者，我是第一作者，其他的是我的导师和同事。我的导师根据每个同事参与这个项目的程度来决定谁可以被列为作者。如果某人的研究与这个题目无关或者关系很少，导师是不会把他列为作者的。"

"我在心脏外科临床做访问学者，我的导师年近七十。她觉得心血管内超声波能比造影更精确地诊断病人是否需要做心肌桥松解手术。为了证明这个假设，她为每个病人做 6 个小时的超声波，然后再花 10 个小时在计算机上建图像。像她这样德高望重的专家，而且这么大岁数，完全可以让助手去做。可她像孩子一样怀着强烈的好奇心，心无旁骛，对每个病人都亲力亲为。目前她已经整理分析了 40 多份病例，得出的结论足以改变现行的对这种病的诊疗指南。"

"我觉得这里的教授做起学问来非常专注，他们好像没有其他的事情去想，可以一心钻研自己感兴趣的事。哪有捷径？顶级的学术成果都是时间堆出来的。"

"我的指导教授研究一款药已经十几年了，现在还在做。他常对我们说，别着急，慢慢来，别忽略小事，药是磨出来的。我觉得这里的节奏很慢，从过马路等红绿灯到实验室做实验，人们一板一眼、按部就班，好像都很从容。这里繁文缛节很多，文山会海，一点事情且讨论呢。我从深圳来，刚开始很不适应。在我们那里，一般的问题 24 小时内肯定解决了。这里可好，等两三个星期是常态，急死我了。"

"有一个老教授，专门做开胸破腹的大血管手术。这种手术非常复杂，有时候一台手术下来要十几个小时，很辛苦。他一做就是几十年，虽然已是轻车熟路，成了业界高手，但是每次手术前他仍要把三十多张 CT 的照片砰砰砰地挂在手术室里，像是升旗典礼。然后和助手反复研究，以保万无一失，手术后还有详细的总结。临床资料完整清晰，稍作整理就是篇高水准的论文。"

"我在纽约也做过研究，在国内也带研究生。刚到斯坦福时，我的教授向我介绍了他在做的研究项目。我很惊奇地发现五个项目的方向彼此独立，且均是创新项目。这是一个年轻的教授，他总共才发了八篇论文，实验室也刚建起来不久。我觉得能否存活下去还是个问号。要是我，我会走一条保险的路，先做一些熟悉的、成系列的、可以发论文的项目，保住研究基金的持续性，然后再做创新研究。时间一长，我明白了他为什么总追求创新。因为斯坦福产学研做得非常出色，如果是有价值的创新，就有机会拿到投资。这位教授用创业的精神来做科学实验，他的项目是当前社会最需要解决的问题，虽然很复杂、风险大，可一旦做成，回报可观。这里的某些医学研究，越来越受到硅谷的冲击。"

"我的一个朋友，是中国科技大学少年班的，他现在在硅谷一家专门做人工智能的公司。这家公司的老板立志从根本上改变现有的人工智能系统，从软件到硬件全部推翻重来。为此他雇了一大批博士，独资成立了这家公司。硅谷有这样一批人，以创新发明为使命，有钱没钱，都要走新路。在这里如果你想创新，总可以找到资源。申请研究基金时，评委不看你能发多少篇论文，而是看你是否有创新。学校、政府和风投，都会给你及时的反馈，而且产学研转换容易。我发现这里的风投好像很有耐心，失败了不要紧，只要你有新意，坚持下去，风投也会陪你一起死磕。因为一旦你成功，回报是丰厚的。如果你没有创新，只是把以前的东西炒一炒，交流的时候别人都不会给你耳朵。"

"这在咱们国内可就行不通了，假如你申请到了 300 万元研究基金，你就要满足一系列要求，比如说发表五篇论文，培养出七个博士生，都是定量的。"

"我发现他们这里的实验室很节省。像实验平台，这是最基本的工具，也不贵，在国内每人一套。而在斯坦福的实验室，要两个人共用一套。我的导师说，你想想有没有这样一个时刻，你想用这套设备，可是被别人占了，你用不上？回国后，我重新规划我的研究经费。当然国情所致，论文还是要发够数，该培养的博士生一个也不能少。但是有些地方还是可以省的，我要把省出来的那部分钱，用来做创新研究。"

"实验室到产业的转化很容易，校园里有许多风投。他们盯着实验室，愿意冒风险，投早期项目。很多好的项目可以介绍到中国，与中国的市场相结合，会产生很好的效益。"

　　听到这里，我插了一句话："我知道斯坦福医疗成像研究室的几位教授和博士生，成立了一家公司，专门做核磁共振成像的软件。他们用机器深度学习的方法，设计了一套新的核磁共振的软件，缩短了扫描时间，提高了清晰度，简化了操作系统。他们有意去中国发展。你们有空去看看这家公司吗？"

　　大家都举手赞成。我立刻给那家公司打电话，他们对中国这块大饼垂涎欲滴，却不知如何下嘴。我们约定下周三去他们的公司，讨论中国商机，吃比萨。

# 斯坦福的潘老板

圣诞季，我的老领导，斯坦福电机系教授潘泰办 90 岁生日晚宴，邀请我们一家参加。晚宴就在他住的公寓的饭堂举行。潘泰一如既往地顶着一头被发胶固定的略显花白的、微微打弯的浓发，锃亮的黑皮鞋，带袖扣的浆领的衬衫，身子骨笔管条直地站在门口迎接每一位宾客。

甜点端上来时，潘泰教授的演讲开始了："今天有两个话题，第一个是'引力波'。简单地说，物质移动就会产生引力波，引力波是爱因斯坦把时间和空间糅在一起的宇宙观的基础。如果你在珠穆朗玛峰和海平面各放一个钟表，46 亿年后一看，峰顶的那个表快了 39 个小时。这里所讲的物质密度很大，大家听说过中子星吧？在中子星上舀一小勺，其重量相当于地球上的 1000 万吨。"

坐我右手边的艾米老太太低声对我说："潘泰真是我们这个社区 62 户人家的幸运之星，住在这里的都是人尖。"她的嘴撇了一下，"他三年前搬进来，气氛就不一样了，他每个月都办个讲座，下个月的题目都公布了：两千年前的墨西哥文化。他什么都知道，而且讲得那么顺耳，斯坦福的教授可真不是浪得虚名。"

　　大屏幕上播放着潘泰做的PPT，老头儿玩得还挺花式：第一个主题讲完了，屏幕上的内容变成一只鸽子飞走了。讲第二个题目"基因编辑"时，他站在那里，声色图文并茂，听众们笑声不断。当他以"活到120岁不是梦"结束演讲时，全场爆发了热烈的欢呼声，尖利的口哨声不知出自哪个老顽童。

　　晚宴上那些看上去和我同辈的人几乎都是潘泰的学生。大家一见如故，围着潘泰，回忆当年的芳华。在斯坦福大学，研究生们称自己的指导教授为"老板"，因为斯坦福就像一个平台，提供科研场地，教授虽说是终身制，但每年只从学校拿九个月工资，而这九个月，也只拿一半的工资，还得教课，做一些行政工作，暑期三个月一分工钱都没有。教授要想拿到全薪，必须向政府和民间的部门、组织递交科研课题申请书。批准了，拿到钱了，一部分给自己发工资，另一部分用来招研究生，还招像我这样的行政人员，组成一个研究组。潘老板的研究课题是自由电子激光，研究经费来自美国能源部和国防部。当年潘老板的组有七名研究生。

　　潘泰在斯坦福电机系当了四十多年的教授。他的博士生毕业后大多当了教授。在土耳其国立大学做教授的墨瑞奇和约翰热聊当年的趣事：在街上捡个沙发，搬到实验室，慢慢地添置了锅碗瓢盆，差点儿省了宿舍费。黄英杰如今是亚洲知名大学电机系教授，当年在潘泰的组里我俩语言相通，最说得来。

　　约翰说："迪克，再有三年，我们的新型加速器就开始接受各国科学家的实验请求了。基于您当年研究的自由电子激光理论基础，这个新型的加速器只是原来长度的三分之一。""迪克"是潘泰教授的名，潘泰是他的姓，学生们习惯了直呼其名。

　　约翰是潘泰的关门弟子，毕业后就加入了斯坦福加速器国家实验室。斯坦福的线性加速器号称是世界最长加速器，有1600多米长。约翰约潘泰教授和我去他的实验室看看，潘泰迟迟没有开口。

　　我立即说："您定好时间，我来接您。"

　　他一听就笑了："这么多年了，你还是你。"

　　我记下了每个人的E-mail，过了节，我打算在家里请大家晚餐。

　　我一边张罗合影，一边代表大家问潘泰教授生活上有什么需要帮忙的。他说这里提供一日三餐和每周房间清理，还有医务室，生活方便舒适。55岁以上才有资格买，每月费用一人5000多刀，夫妇俩差不多8000。快挪不动了才会搬进来，平均年龄82岁。一副和银行账户一起上天堂的做派。

　　步出老年公寓金碧辉煌的大厅，一首儿歌蹿到我的脑海："高级点心高级糖，高级老头儿住……"

# 斯坦福产学研一体的秘密

在硅谷难得下雨的周末，我泡上一壶茶，从院子里拈了一朵栀子花放到茶杯里。洁白的花朵在我的注目下变成了褐色，温暖的花香在屋子里游动。叮咚，门铃响了，先生开门，是崔屹和他的太太带着一股清冽的风飘进了我的家。他们俩把孩子送到游泳训练场后，雨越下越大，去哪儿都不方便，于是跑到我家喝茶。

崔屹是斯坦福大学材料系最年轻的终身教授之一，崔太太是一家初创公司的CEO，我先生从事高科技风险投资。这三位凑在一起，话题可想而知。我在一旁沏茶换盏，越听越觉得他们所说的，不正是近几年造访斯坦福大学的中国企业家们想知道的斯坦福产学研一体的秘密吗？

2005年，崔屹结束了在加州大学伯克利分校的博士后研究，带着科技改变世界的雄心壮志加入斯坦福材料科学系任助理教授。不久，崔屹就发现与以前两个大学不同的是，斯坦福工学院的教授热衷于用自己的研究结果开公司，很多教授都拥有至少一家公司。在这儿，没有公司的教授可谓屈指可数。教授只要不耽误教学，那么选研究课题、开公司，学校都不干涉。其实，正是因为教授可以产研结合，斯坦福的教学课程得以不断地扩充和更新，紧密引导并配合社会需求。崔教授所在的工学院，每年都开设新课程，不仅涵盖交叉学科的最新科研成果，而且提供工业界的经验和反馈。

2016—2017 学年，斯坦福新开了 21 门课程，包括："化学与能源生产、储存和利用的关系""技术创业""机电工程学中的物理""材料科学入门：纳米技术"。教授们办的公司为学生提供了实习甚至就业的机会。几十年来，斯坦福孵化出硅谷这一高科技圣地。那些活跃在校园图书馆、餐厅、咖啡馆甚至走廊的风险投资家们对教授实验室有什么进展一清二楚。成果刚公布，他们就立即拜访教授，郑重其事地把研究成果的经济前景描述得无比动人，目的简单而明确：说服教授开公司。一旦教授同意，公司可以在一周内开张。

2008 年，崔屹在著名的《自然纳米技术》（*Nature Nanotechnology*）杂志上发表了一篇题为《用硅纳米线做高能锂电池阳极》的文章。在此之前，科学家们发现，理论上在锂电池中用硅材料替代碳材料，可以将电池阳极的比容量至少提高十倍半。但是硅材料在充放电的过程中容易破裂，从而引起电池容量快速衰减。衰减问题不解决，容量再高的材料也没有用处。崔屹成功地在实验室里用纳米硅线技术解决了硅材料破裂这一阻碍硅锂电池发展的关键问题。这是高能电池领域划时代的突破。这篇文章不仅被引用 3000 多次，而且引来了大批风险投资家。一时间，崔屹的实验室门前车水马龙，食髓知味的风投们络绎不绝。

　　斯坦福科技转化办公室高度评价崔屹的硅锂电池专利，鼓励他成立公司。资金、律师全部到位，其中有谷歌前董事长施密特、斯坦福基金、凯鹏华盈资本。出身哈佛的崔屹踟蹰不前。但当风投们把有二十年高科技成功创业经验的孙纲博士带到崔屹实验室的时候，崔屹下定了决心，创办了他的第一家公司安普瑞斯（Amprius），主要业务是研发和生产纳米线硅负极电池。

　　八年来，安普瑞斯走过了斯坦福实验室—风投加盟—公司在硅谷成立—产品原型—小批量生产—中国工业化量产的全部过程，发展成一家连接欧美亚的跨国企业。公司规模不断扩大，2012年安普瑞斯入驻中国南京。2016年9月，安普瑞斯无锡电池生产线试产运行。公司在荷兰、德国的电池设备研发和制造业务也进展顺利。

　　安普瑞斯的成长吸引了中美能源产业界大佬的目光。1997年诺贝尔物理学奖得主、美国前能源部长朱棣文教授经常和崔屹讨论。朱教授在电池物理结构等关键技术问题上的指导，对提高产品安全性能有重大意义。后来，朱教授以独立董事的身份加入了安普瑞斯董事会。八年来，安普瑞斯生产了四代高能电池，电池容量和安全系数一代更比一代强。

　　八年来，崔屹在教室、实验室和公司之间游刃有余。公司扩大的同时，他的研究团队里的博士研究生和博士后研究生从10人升到55人，拥有斯坦福教授中最大的实验室。这期间那些网络、软件公司或上市，或被收购，千万富翁像春天的韭菜，一茬又一茬。崔屹不为所动，他坚定地认为储能研究的突破是可以改变世界，造福全人类的，因此没有捷径，拼的不仅是智慧，还有耐力。

　　崔屹的研究得到了业界的一致认可。2016 年 7 月，时任美国总统奥巴马在白宫宣布：崔屹教授领导的斯坦福团队，联合美国西北太平洋国家实验室，获得美国能源部名为"电池五百"的总额 5000 万美金的专项科研基金。这项基金为期五年，平均每年 1000 万美元。当前，特斯拉电动汽车电池的能量密度是 250 瓦时 / 千克。所谓"电池五百"，指的是经过五年的研究，电池能量密度达到 500 瓦时 / 千克。也就是说，如果五年后崔屹的研究项目达到预期目标，那么同样重量的特斯拉电池，充一次电，可以续航 800—1000 千米。

　　聊着聊着，就到接孩子的时间。我和先生送他俩走到院门。崔屹回头指着我家屋顶的太阳能电池板说："我的实验室刚做出一种新的太阳能电池，质量轻，柔性材料。不再是你家的这种硬硬的平板一块，而是可以随着屋顶的起伏角度而弯曲。安装简便，就像一层布铺在屋顶。改天扯上几米给你换换。"

　　我先生说："这板子还新着呢。这样吧，你的好意我也不辜负。舒叶，等崔教授把他的柔性太阳能'布'送来，你立马做成窗帘挂上。"

　　崔屹上下看了看我家那几扇落地窗说："别说，没准还真能成。"

# 斯坦福的人工智能入门课程

　　说到计算机系，权威的高校评比杂志《美国新闻与世界报道》的结论是：斯坦福大学、卡内基梅隆大学、麻省理工学院和加州大学伯克利分校并列第一。但论人工智能，斯坦福就成了当仁不让的第一名。人工智能已经成为科学和技术中越来越具有影响力的学科。人工智能听起来很高大上，实际上已广泛应用于许多产品和行业，例如搜索引擎、医疗诊断、股票交易、机器人控制，甚至玩具。

　　2012年，从加州大学伯克利分校拿到博士学位，又在谷歌做了一年博士后的梁硕（Percy Liang）戴着人工智能顶级专家的光环，加入斯坦福计算机系教授行列，开启代号221的人工智能入门课程。由于这是一个热门领域，当年就有100多名学生选修。

　　五年来，梁教授不断总结学生反馈，及时补充业界研究新成果，把这门高深的科学讲得出神入化。2016年有来自18个系的600多名学生选修"221"。其中40%的学生来自计算机专业，本科生占44%。虽说是入门课程，但要跨入人工智能这样的门槛，对斯坦福学生来说，也要花很大的力气。首先要完成三门计算机专业的课程，才有敲门的资格。斯坦福是学季制，从开课到期末考试通常是 11 周。梁教授一共讲 20 节课，每周两节课，每节课 80 分钟，另外每周在办公室辅导学生两小时。梁教授的博士生施天麟带领 24 名助教协助梁教授，平均每个助教每周辅导学生四个小时。

这门课的期末成绩，平时作业成绩占 60%——11 周的教学时间，平时作业有 8 次之多。每次的作业都围绕一个应用程序展开，目的是加深学生对理论概念的理解。一些作业有加分题，能完成的学生将获得额外的分数。这些作业可不轻松，有时候要花 5—10 个小时才可以完成。作业必须在时间截止前通过网上提交。假如要求在 30 号前提交，那么 31 号 0 点以后交的作业将不被接受。可不要为了赶时间而上交没完成的作业，"半成品"将被自动打成 0 分，退回给学生，直到做完重交。这样算迟交，迟交作业会被扣分。

期末考试分数占总成绩的 20%，那是一个长达三小时的书面考试，旨在测试学生的知识和解决问题的能力。考试范围不出教授讲课内容和平时作业。考试时，除了一张双面笔记纸，不能使用任何辅助工具。

另外的 20% 取决于项目展示——学生选择一个自己感兴趣的题目，用课堂学到的知识把项目表达出来。我选了其中一些项目，供读者参考。

1. 为英语不是母语的人作语音识别

2. 预测计算机专业学生的学习成绩

3. 模仿斯洛文尼亚哲学家的语气和哲学做一个聊天机器人

4. 用人工智能预测市场

5. 预测在交叉路口的驾驶员的意图

6. 面部表情识别

7. 用机器学习预测房价

8. 从 Twitter 数据预测食物价格指数

9. 雪况预测

10. 贫困户住房的社区分类

11. 使用安全增强模型优化车辆路线

12. 通过神经网络预测未来污染物浓度

13. 预测年度最佳歌曲

14. 人工智能绘制汉字

项目展示往往能吸引大批风险投资商闻风而至。

"这项目有意思，你有何打算？"

"现在没想别的，就盼能过梁教授这一关。"

"这是我的名片，有空联系。能加你的微信吗？"

这样的对话，不时在学生和风投间进行着。

有一个项目我觉得很有意思：就某个主题，比如总统大选，如果读者经常看左翼的文章，就有选择地给他推送一些右翼的文章，一段时间过后，对比那些没有收到过右翼文章的读者，他们的观点会偏向中间。专投媒体和广告的风投如果看到这个项目会怎样呢？

　　梁教授也和其他工学院的教授一样，背后也有一家公司，只是他当下还在拼终身教授的职位，无法抽身自己发起公司。他实验室里有 15 个博士和博士后学生。他们做的东西哪件抽出来都拉风。风投们怎么能放过他？变个法子吧，不当发起者，只当技术领头人，于是把他卷入当今硅谷最炫的公司之一——语义机，领导该公司的技术研发。语义机的业务是开发新的机器学习技术，使语义机不单能接受人的指令，还能够结合上下文的意义与人进行多轮对话。说白了，就是造一台能说会道、善解人意的机器。计算机系有 56 名教授，占全校教授总数的 2.6%。有 776 个本科生，占全校本科生总数的 11%。看到这个师生比例了吧？美国各所高校的计算机系都闹教授荒，因为学成的不多，好不容易学成后大多自己开公司或加入工业界。最近谷歌就从斯坦福计算机系人工智能实验室成功地挖走一位教授。想当教授，学计算机。

　　音乐厅关门的时间就到了。我向施天麟抱怨，我还没看到一半呢，干吗把展览放在这儿？天麟神秘地笑了笑："梁教授是专业演奏级的钢琴家，在这个 35 平方千米的校园，他只认得实验室和音乐厅。"

# 斯坦福的艺术系

　　斯坦福大学的十八洞高尔夫球场坐落在校园外绵延起伏的丘陵上。暑假，我和国内来的朋友耐心等待，终于得到了打球的机会。球场上，几只鹿从山上飞奔而下，老王冲着鹿群狠狠地挥出一杆，那球竟飞出了场外。随即传来玻璃被击碎的声音，我和老王循声望去，球场外有一座大约两层楼高的大房子，面对球场的这面墙全被深棕色的木头片覆盖了，只有门上有个小小的玻璃窗，玻璃碎了一地。一个中年男子开门走了出来，手搭凉棚。我赶紧拉老王俯下身来，谁知老王甩开我，大叫着"谢教授"，向那中年人跑去。

　　早就听说斯坦福艺术系有位讲席教授谢晓泽，却很少在校园见到，听说他藏身于一个远离尘世喧嚣的画室。想不到今天被老王一竿子打回人间。

　　老王说："对不起，玻璃是我打碎的，我赔我赔，加倍。久仰大名，您在纽约办画展时我在上海，您在上海办时我在澳洲，想不到在这里见到了您。"

　　他一个劲儿地道歉，但话里话外透着要进那屋的赖皮劲儿。我赶忙上前解围。

谢教授看看表说："我正好也该歇歇了，这是我的工作室，请进来喝杯茶吧。"

我和老王扔下球杆，随着谢教授进入门厅，几个大木箱挤在那里，谢教授说箱子里是马上要发到纽约画廊的作品。侧身绕过木箱子，进入画室，眼前一亮。屋子的另一面是通高五米的玻璃幕墙，旧金山海湾的美景尽收眼底。其余的三面墙上挂满了画作，有的还没完成。

老王指着墙上的一幅画说："这是您的'报纸系列'吧？我收了一张您2000年的作品。"

"谢谢！以新闻图片为题材的画家很多，我的方式和他们不一样，有一个独特的视角。比如说这幅，'片断视角系列'，画的是一层一层叠起来的报纸。像这样水平线条的重复，乍一看像一个抽象的图案，可是你细看，新闻照片的片断又掺入了写实的手法。我想表达的是：当下，我们每天从媒体得到的信息，已经碎片化、不完整。另外一个也是画报纸的系列，叫'正反视角'，其中的每张画都取材于一个报纸版面的局部，根据特定的版面，用写实方法展现出报纸正面和反面的图文的透叠。"谢教授说。

"您的作品透着波普味儿。"

"你可以这么讲。新闻图片的描绘大部分用的是照相写实主义的技巧。但你看，这部分，防暴警察的盾牌，鸡蛋西红柿稀里哗啦沿着盾牌往下流，有点像抽象表现主义的画法。这幅画不仅包括了报纸头版的内容，而且通过透叠手法，隐约看到了报纸背面的故事。这里是大标题和图片，但受到了背面透过来的内容的干扰，就像现在的读者经常接收到不同角度的，甚至是完全相反的信息。这是'中国图书馆系列'中的一幅，构图看上去有点像建筑，那种变成废墟的建筑，但它确实是书，腐朽的书。它本身的含义，所承载的信息，像建筑一样的形式感和体量，水平的线条，静谧的氛围，柔和的光线，残破的质地和时间留下的痕迹，所有这些综合起来，对我有吸引力。我情不自禁地就想用我的手，用我的画笔把它在画布上表现出来。一幅又一幅，最终成了系列。有观众看后说我在给纸媒做墓志铭。"

　　"您的作品糅合了不同的元素，形成独特的风格。大概三年前在多伦多的一次画展上我看到您的一幅作品，在一扇老旧的门板上，几幅小幅油画，还有一些日常生活的小物件，组合在一起。它打破了我对艺术的神秘感，艺术在我心目中一直是神秘和高不可攀的，可眼前这幅作品出自斯坦福教授之手。说实在的，除了那几幅小油画，我都可以作。可惜我下手晚了，那幅作品被别人订走了。不过打那儿以后，我对周围的事物有了新的感受，常常觉得自己就生活在艺术里。"

　　"现在，我用的设备越来越多了，题材也是多样化的，但最重要的还是绘画。近年来我开始用中国传统的水墨和宣纸，以新闻图片为题材创作。比如这一幅，素材来自美国发动伊拉克战争之前，政客在联合国密谋的一张新闻照片。远看像一幅黑白照片，当你近看，就可以看到笔触，手法很自由——运用了油画的光影、结构布局和透视手法，造型很准确。材料是中国传统的水墨，纸是宣纸的质地，只是比传统的宣纸厚许多，有墨晕的效果。画的时候，不同于中国传统的水墨画写意抒情的方式，笔触控制得非常严格，一笔下去很难修改，只是某些部分可以叠加。画中亮的部分是留白，就是纸本身的颜色，不是粉白。"

"用水墨画结合油画效果，手法了得！"

老王和谢教授一副知音相遇恨晚的架势。谢教授沏了一壶熟普，两人坐在沙发里海阔天空地聊。我给还在球场的老李和老宋发了微信，告诉他们我的境遇。老李的女儿是国内美术学院的本科生，基本功很强，一心想要到美国读艺术专业硕士。一听有和艺术系教授聊天的机会，老李很快就来到了工作室，张口便问斯坦福艺术系的录取标准。

"斯坦福的本科艺术教育是通识教育，而不是职业培训，但艺术实践的硕士点有很严格的专业水准。有时美院毕业的学生和我联系，希望做我的研究生，进一步提高绘画技巧。实际上，我们录取新生时，虽然对技巧有一定的要求，但更看重思想层面。申请人作品的艺术个性，与众不同的想法，独特的语言和表达的形式，在已有的艺术风格和语言之上有创新，还有就是思维的广度和发展潜力。也就是说看你是不是一棵好苗子，经过两年的栽培能不能茁壮成长。研究生录取是教授们集体决定的，本科生录取是学校招生部定的。

我们艺术系的教授们普遍认为艺术不是一个封闭的系统，它与当今世界有着各种各样的、多方面的和多层次的关系。虽然没有一个固定的评判标准，但好的东西，有一种质量在那里，是可以看到、感觉到的。"谢教授回答。

"您说的这就叫艺术感染力吧？"

"艺术要从思维上启发人，从情感上打动人。它可以让人注意到一些平常有可能被忽视的东西，或让人从完全不同的角度来看待一件事情。它可能是感性的，也可能是非常理性的，包含着一定的哲学思考、人生观和对历史、社会和政治的看法。"

老李说："提起斯坦福，人们就想到硅谷、创新、高科技。我头一次听说斯坦福还有艺术系。"

"斯坦福对文科教育很重视，只是斯坦福的工科有更长的传统，且为大家熟知，一定程度上把我们的光辉给遮住了。学校投入相当多的资源支持艺术教学。斯坦福艺术和艺术史系也有很长的历史，只是规模比较小。终身制编制的有二十六位教授，还有许多外请的上课老师。我们的艺术史专业、艺术实践专业和纪录片专业在全美的排名都很靠前。毕业生有的做教授，有的任职于博物馆，有的成为有影响力的艺术家。艺术实践专业目前每年招五名研究生，常有一两百人申请，相当一部分申请者是由圈子里的人推荐的。斯坦福以艺术和艺术史为专业的本科毕业生每年有二十多人，而且呈上升趋势。还有许多本科生把艺术作为第二专业。"

"教学工作占去了您很多时间吧？"

"我是画家，但也是教授，这两个角色是互补的。斯坦福十来年前聘我为讲席终身教授，是因为我的作品和我在美国艺术界的声誉。我现在主要教艺术实践方面的课程，并担任艺术实践研究生部主任。和青年学生们的交往对我的艺术创作很有裨益。最近画的夜景系列，灵感就是来自我的教学。在本科绘画课上，我给学生出了'夜景'这个题目，让他们探索光、空间、色彩和氛围。夜景的色差都是微差，没有大红大绿很明显的色彩，这就逼着学生去找很微妙的色彩变化，观察空间的氛围。有时期末我会要求学生画一幅夜景。学生们要先拍照片、画速写，接着画习作，然后再创作。多年来，我向学生们介绍、讲解著名的夜景作品，自己并没有画过这个题材。有时我顺手拍些夜景，譬如这张广州夜市的照片，一直放在我的工作台上。"

"为什么是广东？是因为您的家乡是汕头吗？思乡情结？"

"你可以这样讲。这张照片常常吸引我的目光。去年的某一天，我突然有了那种要把这张照片画出来的强烈冲动。这张画就与我的教学有着直接的关系。为了教学，我需要了解当代艺术中各种不同的倾向和思路。我常去纽约、旧金山、多伦多，也在欧洲、亚洲看各种艺术展览，我对展品并不马上作价值评判，即使和我个人的趣味有距离，我也不会忽视它。这些展览和作品就像一个资料库，学生需要什么，就打开抽屉，信手拈来。我要分析这些信息，提炼精华，然后传授给学生，这个过程往往也使我产生创作灵感。"

"您每周有多少时间创作？"

"作为著名大学艺术系的教授，没有作品是立不住的，谢教授每年除了教学、交流、旅行，其余的时间都耗在工作室里了。找到他可不容易呢，我们今天算是赶巧了。"我说。

"通常我每个学期教两门课，每周两天，每天四个小时。有时候只教一门课。一般说来，每个班有 10 到 15 个学生。教一年级本科生的基础课时，我倾向严谨、结构性地培养学生的绘画基础。我会布置具体的作业。我要求学生做小的色彩练习，在掌握色彩理论和色彩关系后，再进行有丰富色彩的创作。我教学的重心是激发学生的创造力。而对研究生，我的要求就比较宽泛，更强调创意和思路，而不是教具体的技术性的东西。说实话，有些学生知道的技术性的东西比我还多，我还要向他们学呢。比如有个学生，用声音作为主要的艺术表现形式，这方面我就不熟悉，只能从感受方面分析作品。当然，我有同事专做声光电作品的，他们会给这名学生一些更具体的指导和帮助。我们艺术系不是导师制，研究生可以随时约教授，请他指点。"

老王又把话题扯回到艺术创作上："您认为什么是好的艺术家？"

"在我看来，艺术家是没有好坏之分的。大部分传统的艺术家更像是手工艺人，作品是为他人服务的。当代艺术家，手工不那么重要了，思想和创意更重要。艺术家不再取悦于人，而是通过作品来表达自己的世界观，去影响观众。现代意义上的艺术家一直在匠人和思想者的两极之间找自己的坐标和位置。对我的作品，每个人在创意方面的体会可能不同，但也许可以看出每件作品都透着匠人的功底，体现了我的劳作的过程。这对我个人是重要的，我认为艺术品的本质是人工物，就像博物馆展出的宝剑和陶罐。"

老李总想为女儿了解更多信息："斯坦福艺术系研究生的学费是多少？"

"一旦被录取，艺术实践专业硕士生的学费都是全免的，而且每月都有相当宽裕的生活费。他们每周大约花八个小时协助教授教课，算是他们的工作吧。我们系的研究生都对艺术有着极大的热情，充满活力，创作上敢于冒险，作品有新意。我们每年都资助学生参加一些校外的艺术家驻地计划，还有一些奖项可以申请。"

老李突然问道："您这画室怎么没有画架子？"

终于轮到我了："你听说过'架上绘画'吗？是用来形容某个作品保守、传统。谢教授是有观念的当代画家，怎能用画架子呢？"

"我不用画架，是因为画框靠在墙上踏实，背景是白墙，心静。"

"我一进这屋子，脑子发涨手发痒，只有画布和画笔可以解救。斯坦福可真是舍得呀，给教授这么大这么有格调的工作室。"老宋是国内知名画家，画作是按厘米计价的。他那垂涎欲滴的样子把我们逗笑了。

谢教授说："我们系每一位教授都有学校分配的工作室，不过只有一位同事的工作室规模和我这间差不多。"

　　话赶话，不知不觉聊了近两个小时，再不走太阳就下山了。走出老远才发现老王不见了，我返回去找他。

　　只见工作室门口，谢教授红着脸，一边搓手一边说："不用赔，不用赔，这种事常发生。我在这儿只是创作，纽约的前波画廊处理商业上的事。"

　　这老王，见好就买的病又犯了。我赶忙跑过去，把球杆往他怀里一杵，"就等你了。"

　　老王边走边嘟囔："越迟越贵。"

　　我说："唠叨啥呢，还剩三洞，麻利儿的。"

　　他苦笑着追上了我。

# 斯坦福开了幽默课

斯坦福的教授被要求与时俱进，不断地开新课。我数了数，2016年与"创新"有关的课程前前后后不下2000门。正当我准备"嘲笑"他们已经黔驴技穷时，商学院破天荒开了一门专讲幽默与领导力的课程。我忙不迭地去尝鲜，听课程介绍。

主讲教授是珍妮·艾克，一共9节课，每周一节，每节课大约3小时。资深的喜剧演员恐怕也讲不了27个小时，艾克教授当然知难但无退路。她网罗天下英才，演员、喜剧作家、基金经理，甚至四岁顽童，先后27人登上斯坦福商学院的讲台。

艾克教授认为，所谓幽默就是能让人从惊诧、愤怒、悲伤瞬间转成惊喜、祥和、快乐的能力。人们的笑声和年龄成反比，待到进入社会，呈现断崖式下跌。很多业界领袖都高度评价幽默的作用，说它比你能说出来的还重要。商场如战场，幽默可不战而屈人之兵。幽默是一个有效和低杠杆的工具，为同事提供竞争优势、创新的解决方案，使你的团队更有韧性。幽默令人愉快，激发人体催产素的释放，催产素是促进社会联系、增加信任、加快自我展现的激素。

幽默让你广结人缘，在职场上平步青云。作为领导，最好避免那些具有侵略性的笑话，最有效的幽默是要善于自我贬低。这有助于领导者与员工建立和睦的联系，赢得员工的尊重。同时也向雇员发出信号，允许他们幽默，创造有趣的工作环境。当然，如果你在单位处于较低的地位，那么自我贬低可能会对你的信誉造成伤害。

艾克教授对学生们说：商学院毕业后，你们会改变自己的生活，改变你们的组织，进而改变世界。你们的言行将对社会产生深刻的影响。当今世界比以往任何时刻都更加需要幽默。我希望当你们离开斯坦福时，带着健全的人性、智力，还有幽默。实现业务目标，建立更有效和创新的组织，培育更强大的信誉，保持恒久的基业，这些都离不开幽默。幽默是可以培养的。在课程中，我们将探索幽默创作的各个方面，了解幽默在商业中的战略用途，学习制造幽默的技巧，并尝试使用不同的媒介，使幽默成为一种文化和组织实践。

这个课有许多学生报名，看来旁听无望了。我尾随着艾克教授走进咖啡厅，琢磨着怎么才能和她套上词。眼见她擎着一杯冰水，袅袅婷婷从我身边经过，何不实践一把？我漫不经心地脱下双肩背包，无意中蹭了她一下，那杯水顺利地洒到了我的身上。她一边道对不起，一边慌忙找纸巾。

我轻轻地口吐莲花："没关系，我是一片树叶。"

她的脸立时开满了桃花。接下来，别说旁听了，恐怕请我上讲台的心都有了。

# 漫论斯坦福"跨学科"

　　每天，我都像一个朝拜者一样，穿过斯坦福美丽的校园，参加各种研讨会，旁听一些激进新鲜的课程，观看学生们层出不穷的鬼花样。创新、创造性解决问题和创业思维是斯坦福大学的核心价值观，硅谷围绕着斯坦福大学发展并非偶然。斯坦福的学生和教授沉浸在这个充满活力的环境中，受益于斯坦福与硅谷的密切联系，涉及思维创新和创业的课程与研究成果源源不断。

　　每经过一段时间，我会静下心来认真思考，尝试从色彩缤纷、杂乱无序的头脑风暴中触摸斯坦福此时的主脉。最近我越来越感到斯坦福在研究生教育领域，正不声不响地进行一次变革，而这个变革有可能颠覆存在了几百年的大学传统分科系教育理念。

　　"科学"在中文中是个外来词，从字面上看就是分科之学。近五百年来，一代又一代的人类精英把人文社会按数学、天文、物理、化学、生物、心理、经济等分成相对独立的科目，而且越来越细。大学根据这些不同的科目，建成不同的院系，几百年来就这样延续着"科学"。

作为综合性大学，斯坦福有七个世界级的学院，分别是人文与科学院、地球科学院、工程院、商学院、法学院、医学院和教育学院。其中，斯坦福商学院长期与哈佛商学院并列第一；法学院仅次于耶鲁，和哈佛法学院并列第二；工学院仅次于麻省理工学院，名列第二；医学院排名直追哈佛大学，排在第二。斯坦福大学的研究生课程在全球范围内得到了高度评价。但是近半个世纪以来，世界面临的问题日益复杂，科学发展的前沿性、交叉综合性，常常要求科研组织团队化，科研所逐渐成为当代科技创新活动中重要的基本组织单元。在这种形势下，斯坦福大学秉持其独特的文化，逐渐打乱延续了数百年、成就了无数名校的"科""学"。

在组织架构方面，早在 20 世纪 80 年代，斯坦福在原有的七个院之外，设立了第八个独立院：研究院，下辖 18 个研究所。这些研究所以解决某项大问题为核心，刻意打破或者淡化学科边界，财务上单独核算，募集并发放研究基金，提供实验室设备，吸引不同院系的教授和学生参与。斯坦福的研究院有四个特征：第一，有特色鲜明的研究方向和明确的研究目标，而不是以某项科研任务为导向，具有长期性、稳定性。第二，有一定的组织结构，成员之间能够实现优势互补。第三，领导人有杰出的科学成就、很强的组织协调能力。第四，能够持续地产出高水平的研究成果。2002 年斯坦福从医学院和工程学院调集部分教授，成立了生物工程系。这是斯坦福第一个正式的跨院和跨系的教研一体的新系。我记得当时校园里有这样的说法：学生只有生物系的学位，不懂电路设计，就没法在硅谷讨生活，成立生物工程系可以引导学生重视生命科学，到 2020 年，生物体设计会像当下的电路设计一样普遍。

　　在实验室方面，近年来，斯坦福的新楼设计和建造都基于跨学科的理念。为工学院、医学院师生的跨学科研究提供实验设施的 Bio-X 克拉克大楼就是这个理念的体现。它为以后的校园建筑物定义了一个新模型：将具有不同专业知识的研究人员聚集在一起。Y2E2 大楼是能源研究所、环境研究所、地球科学院和工程学院的所在地，这幢大楼里不仅有工程师和地球科学家，还有法学院和人文科学院的教授。

　　在资金方面，研究院专门设立了跨学科研究生奖学金，做跨学科项目的研究生可以得到三年的学费和生活费。刚刚离任的校长约翰·轩尼诗教授在耐克创办人奈特（Phil Knight）及其他斯坦福校友和朋友的支持下，募集了 7.5 亿美元的奖学金，成立了奈特－轩尼诗学者项目。项目旨在建立一个多学科的研究生团体：每年从各个学院选拔 100 名研究生，用时三年把他们锻造成能为全人类作出贡献的学者。

　　近年来，斯坦福越来越多的教授以得到两个不同院系的聘请和任命为荣。学生们选课更是五花八门，本科生到第三年才确定专业。历史系本科生毕业后上医学院，物理系本科生毕业后上商学院，"不务正业"简直成了时髦。面对变化万千、日益复杂的世界，斯坦福的领导认为，学生在校期间学到的是如何应对一生不确定性的批判性思维方式和方法论，而某个专业只是学生和大学的接口，这个专业有可能消失在学生毕业前，但通过专业掌握的价值观和方法论是学生毕生有用的利器。

正写得聱牙，微信响了，是远在东南亚的发小打来的。20世纪80年代初，他以优异的成绩考上清华大学热能系空调专业，毕业后一直从事空调的开发研究，凭着清华本科的基础，成了业界翘楚。听完我狂喷斯坦福的反"科""学"趋势有多么多么拉风，他说："当年走出清华我就可以独自设计空调，可我觉得没啥大用。谁料到不久北京和全球一起变热，我成了香饽饽。你还记得咱的另外两个同学，一个上了清华土木建筑系，后来成了艺术家，一个学电力工程，后来成了网络专家？他俩大学没跨学科，架不住毕业后转了行。每个国家的情况不同，早早晚晚的，该咋的还咋的，是毛毛虫就会爬，能变成蝴蝶的，是老天爷开恩，又赏你一对翅膀。大学那几年，对一辈子来说，美好而短暂，学不学啥不重要，做个三孙子，混几个好哥们、好姐们，如果再混个好身子骨，那你这辈子就算逮着喽。是这个理不？"我断然挂了他的电话，转身泼了热茶，从冰箱里拿出冰激凌……

# 战胜癌症的道路和心路

因为斯坦福医学院的名声，国内的朋友经常让我帮他们打听与治病有关的事，只要不是急茬，我总能"巧遇"医学院的教授、学生，或是那些为拓展国际视角来访的中国名医，问个八九不离十。每件事都不简单，从疑难杂症，到某个大夫的医术评价，若全记录下来，几年后，虽不会被医学院拿去当教材——也许是反面教材，至少可以当作参考资料。

此刻我已经在癌症中心啜饮第三杯拿铁了，可是要"巧遇"的大夫还没出现，我开始怀疑医学院朋友给我的信息的准确性。候诊大厅里，回荡着舒缓轻柔的音乐，两个老头在大厅的尽头，用大提琴和小提琴对话，一脸的沉醉。还是改天吧，我站起来朝大门走去，迎面走来一个高挑的女子，粉色的围巾，浅豆绿色的风衣，米色的高跟鞋，蓬蓬的齐耳短发，像是刚从时装杂志里跳出来的模特。她向我扬了扬手中的米色手袋，是我的朋友玉儿，曾经担任过央视电影频道女主播的她，无时无刻不风姿绰约。

我俩都为在这里相遇而诧异。我赶紧告诉她我来这里的原因，她笑了笑，"我可没你这份闲情，我是来做化疗的"。听她这么一说，我才发现她比以前瘦了许多，脸色苍白，隐约可以看到细细的血管。

"去年我们和亚马逊开始合作，他们最热销的智能音响选用了我们公司的解决方案，随之很多公司都开始和我们谈合作。我忙得前脚接后脚，满世界跑。有一天早晨，我忽然发现乳房上有个肿块，因为我有乳腺增生，所以没有重视。

"回到家后，我的先生陪我去看大夫。那个妇科大夫，用假乳给我演示。她说，一般来说，摸着不动的肿块，可能不是乳腺癌。我这个就不动。所以，她认为可能性不大，但为了保险起见，建议我做乳腺 X 光检查。这一照就不让我出来了，肿块的边界不清晰，立即做了活检，我当时就吓傻了。大夫指着初级活检报告，神情凝重地说，情况不容乐观。接下来我又做了超声波和第二次 X 光。三天后，正式活检报告结果出来了，大夫说80%的概率我是得了乳腺癌。

"入夜，我看着熟睡中的小儿子，想着他才四岁多，就有可能失去母亲，我当时觉得整个世界都塌了，为什么是我？我不接受！"

我不由得走上前，拥她入怀。她的身子又轻又硬。此时，任何话都是多余的，我使劲地箍了她一下。

玉儿将了将头发接着说："大夫说，在旧金山湾区，每八名妇女就有一人中标。基因、环境、生活习惯，甚至哺乳期过长都有可能引发乳腺癌。我可是头一次听说，喂母乳时间长会增加母亲患乳腺癌的概率。大夫说，因为哺乳会持续性地刺激乳房分泌雌激素，数据显示，雌激素过多是乳癌的原因之一。通常哺乳一年对母子都有好处。我因为生了老大后十年才生老二，属于老来得子，待他两岁后才断奶。哺乳期间，我曾经得过乳腺炎，而肿瘤就在乳腺炎发生的部位。

"大夫推荐我到两家医院去做手术。她说斯坦福冶疗乳腺癌很棒，可是排队的人也特别多，她劝我尽早手术。我决定还是先试一试斯坦福！冥冥之中不知是什么力量帮助了我，我居然约到了威勒大夫，她是著名的专做乳腺癌手术的医生，每天都要做五六台手术，经验很丰富。

"我和威勒大夫讨论手术方案时，她在我的肿瘤部位画了一个十字，我看着那个十字，喃喃道，'好难看呀'。威勒大夫拍拍我的肩膀，给了我一个意味深长的微笑。

"做手术前的那个周末，朋友们约我去斯坦福校园野餐。我们每个人的胸前，都戴着一枚乳腺癌基金会的粉色胸针。酒足饭饱之后，我们在大草坪上又唱又跳。置身在朋友和亲人中间，我感受到：得癌症的是我一个人，但和病魔作战的是我们一群人，我必胜。

"手术大概进行了一个小时。当我醒来时，我仍然躺在原先的那张病床上，好像什么事都没有发生。我身上穿着一件粉色的带小花朵的文胸，看上去好可爱。令我惊喜的是，我的乳房完整如初。威勒大夫来到我的床边，她的脸上依然挂着那亲切的意味深长的笑容。她指指我的乳晕部位。原来，威勒大夫为了我那颗爱美的心，从乳晕部位开刀，然后刀从乳房皮下钻到肿瘤处，把它掏了出来。威勒大夫对我说：'过一段时间，刀口复合，那疤痕，你不仔细看，就看不到了。我在你的腋下也开了一刀，为的是取出淋巴结活检。通常癌细胞是通过淋巴液扩散的。你很幸运，癌细胞没有扩散。'

"手术后大夫不希望病人乱动，所以做了这种特别的文胸，有固定作用。威勒大夫拿起一个浅蓝色的文胸，'因为你有两个儿子啊，你一定更喜欢这一个。'斯坦福的大夫对病人很体贴，不仅手术时尽可能地减小创口，尽量缩短病人的恢复时间，而且通过这小小的、别致的文胸让你觉得你是被重视，被细心呵护的。

"我当天下午就出院了。第二天，我一个朋友从洛杉矶来看我，我就陪着她去斯坦福购物中心逛街，一直逛到晚上8点多钟才回家。说实在的，我有点累，但那种重生的感觉让我浑身充满了力气。

"两周后，我发现腋下的那个刀口肿胀，我赶紧去医院。医生从刀口处抽出了四管黄黄的液体，从此相安无事。手术过后大概一个月，我的癌细胞基因检测报告出来了。这是近几年来出现的新的检测方法，只检测癌细胞的基因，根据癌细胞的生长速度和扩散程度，来决定是否需要化疗或放疗。大夫为我分析病情，我的检测结果处于中间，这样一来，化疗和放疗就变成了选择题，可做可不做。但我做的是局部切除，只切除了癌变的部分。在大约1000个病例里，局部切除后再做化疗，然后口服控制雌激素的药，癌症复发的概率是5%—6%。如果只做局部切除，复发的概率是30%左右。大夫的意见：考虑到我现在才四十出头，还有几十年的日子，应该做放疗和化疗，以绝后患。

"我当时第一个反应就是我要光头了。我的先生拉着我的手说，别担心，咱俩一起剃光头。在化疗开始前的一周，他对我说，斯坦福医院找到保全我头发的招了。

"做化疗的那天，先生带着我早早地到了治疗室，一进门就看到床上有一个大头盔。护士说，这是我先生特地为我订的特殊服务，头盔夹层里面有胶质冷却剂，使头盔下的温度保持在零下9度至零上4度之间。化疗前四个小时戴上它，化疗后再戴四个小时，便可以保住绝大部分头发。"

"我先生把头盔轻轻地套在我的头上，端详着，'嗯，正合适'。"在这近十个小时中，每隔25分钟，先生和我的朋友轮替着摘下头盔，更换里面的冷却剂，给使用过的冷却剂消毒。就这样，三次化疗结束后，我只掉了大概四分之一的头发，看上去，和正常人没什么差别。

"化疗是每隔三个星期静脉滴注一次，每次两个小时，整个疗程一共四次。第一次滴注后，白细胞迅速下降。医生给我一个直径7厘米、厚1厘米的圆盒子，贴在肚子上。第二天早上，那个圆盒子会刺我一下，药液就进入我的体内，提升白细胞，骨头开始造血，浑身就像被蚂蚁咬了似的疼，没劲儿，挺难过的。我是周四做化疗，周五、周末歇三天，周一照常上班。

"在化疗时期，我的求生欲望很强烈，我每天都散步，周末还骑车，我从来不想自己是癌症病人。三周后去做第二次化疗。

　　"第三次化疗后的第二天，我全身浮肿，脸肿得像猪头一样，通红通红的。不光是肿，而且全身奇痒无比，一挠就红一片，特别吓人。我遭遇了严重的化疗反应，进了急诊室，一查，我的白细胞30多万，正常标准是4万—11万。大夫给我打了一针压制过敏的药，感觉好些了，我就回家了。可是没过多久，我因为极度衰弱，又进了急诊室。第三天我整个人都是肿的。大夫给我开了激素，这样，我服了近一个月的激素，才完全从化疗的过敏反应中回复过来。

　　"化疗之前，我还做了20次放疗。每次真正的治疗可能不到一分钟，但为了让机器对准部位，我要屏住呼吸，扩胸，进入特别规定的呼吸状态，这些准备工作大约需要半小时。每次放疗我都是利用午餐时间去的。那段时间我很忙很累，我是自找的，工作可以让我分心，没时间让我想我的病。我就是不拿自己当病人，和别人一样在职场上拼搏这件事本身，让我充满希望和坚强。

　　"做放疗的当时，没什么感觉，过后会非常累。我的白细胞曾经很低，最低的时候不到2000。那段时间我甚至怀疑会不会得白血病。于是主治大夫安排我去看血液病专家。

　　"那个专家就像一个天使一样，红光满面。他没有给我开任何药，而是讲了他的亲身经历。他曾经有四个孩子，其中一个得了癌症，发现时已是晚期。作为癌症专家，眼看着癌症一点一点从他的手中抢走了自己的孩子，他感到愤怒、自责和无助，开始怀疑一切。他自己成了重度抑郁症患者。可是突然有一天，好像天上传来了一个声音让他惊醒：'你再这样下去，受伤的不只是你和你这个孩子！'他爬起来照镜子，对镜中的自己强颜微笑。从此他每天起来做的第一件事就是照镜子，直到看见一张微笑的脸，他才开始一天的生活。

"他的故事对我来说犹如那来自天上的声音，我不再想白细胞了，我到点就去做放疗。出了医院的门，我就把心思从自己身上挪开，更多地想他人，想着怎样做事才能让他人感受到善意和爱心。三周后，白细胞回升了。

"今天我要和大夫讨论是否需要做第四次化疗。你和我一起见大夫吧，你可以亲自问他你的问题。"

这真是踏破铁鞋无觅处，得来全不费工夫。

我跟着玉儿进了医生诊室。医生对她说："你的身体对药物的反应很激烈，这是好事。但我觉得目前的情况下，化疗对你身体的损伤大于益处，应该停止。我宣布，你的癌症治疗取得了决定性的胜利！以后每半年做一次乳腺 X 光片。另外，在今后的五到十年间，每天口服控制雌激素的药就行了。"

"那太好了！谢谢您！我的朋友舒叶有个问题要请教您。"

"我的朋友人在北京，她 40 岁时得了乳腺癌，二十年来相安无事。在她 60 岁生日时，同一侧乳房查出了乳腺癌，但是癌的性质不同。她在新加坡和北京的医院，得到了两个不同的治疗方案，这令她很困惑。您能帮着看看吗？"我把一个牛皮纸的大信封递给大夫。

　　大夫打开信封，翻了翻那摞纸说："我需要时间仔细研究一下，你能留下你的 E-mail 吗？"

　　我和玉儿一起走出诊室，她感慨地说："跟这些医生接触，首先感受到的是他们对病人的爱心都要溢出来了，这让我觉得癌症就像感冒一样，恐惧不知不觉地消失了。每次看大夫，他们都是呵护备至，我觉得心灵被洗涤了，自己的生命在增值。闯过癌症这一关，我的生命会有不同的意义。"

　　第二天一早，我一打开电脑就看到大夫的 E-mail，他需要更多病人的信息和影像资料。我赶紧把朋友的 E-mail 发给大夫。几天后，她从北京打来电话跟我说：斯坦福的大夫特别认真，治疗方案写了好几页，他写的方案和新加坡医院的方案一致。几天后，朋友又从北京打来电话，斯坦福的大夫告诉她，新加坡医院的水平很高，考虑到时差和语言的因素，建议她在新加坡治疗。我给她讲了玉儿的经历，并告诉她是玉儿帮她和斯坦福大夫牵的线。

　　"托玉儿的福，我也一定也能康复！"朋友的声音来自万里之外，清晰而坚定！

# 玉儿归来

新学年就要开始，神隐了一个夏天的玉儿终于现身了。

"你去哪儿了？"玉儿一定在电话那端感受到了我的关切。

"哎，还不是围着孩子转？大儿子 15 岁，小儿子 5 岁，我就像个不收钱的优步司机。"

"明天一起午餐吧？"

"好，能带上两儿子吗？他俩后天开学……"玉儿有点儿不好意思。覆水难收，我故作兴奋，"当然了，好久没见你那两枚帅哥了。"

第二天我早早地到了饭馆。两个男孩子耶，可得找一个相对隔离的地方。我呷着冰水，盯着门口，却不见他们，直到三个人走到桌前我才看到，"哎呀，老大比你都高了，背着光，好像两口子带个孩子。"

"这话儿说的。"老大威利帮妈妈拉开我旁边的椅子。妈妈坐下后，他拉着弟弟坐到我们对面，递给弟弟一本童书。弟弟把书推回给哥哥，要他念。哥哥捏了捏弟弟的小胖脸蛋，把手机放到桌上，开始念书。

"这家的干烧鳕鱼不错，俩孩子来份鸡肉炒饭就行了。"玉儿点菜很脆。

"你看上去比半年前我见你那次气色好多了，有点儿黑里透红的劲儿。"

"我和大儿子跟着硅谷的一帮家长和孩子，大约有一百来人，轮流去了中国南方的一个小镇，每期一周时间，我们在那儿当老师。当地政府把贫穷家庭的孩子组织起来，在一所高中给他们办夏令营。我教英文和汉语，儿子教英文和体育。这是一段难忘的经历。我想我儿子的感受更深刻，是吧？"

上菜了，威利把书合上，给弟弟围上餐巾，对我说："我班上有的学生每天早上6点钟就要去地里帮助家长干活。他们非常珍惜这个夏令营的机会，说好不容易盼到这个星期，怎么还没过就完了呢？我班里有一个学生比我还大两岁，他可以用英文和我对话，他说他平时和爷爷奶奶住，父母都在外地挣钱，他很想念他的父母，为了让父母高兴，他会好好照顾两个年幼的弟弟、六头猪，还有菜园子。能得到来自万里之外的关怀和支持，让他觉得生活有奔头。他问起我的生活，我都不好意思和他讲。比起他，我真的太幸运了。分别的时候，我们俩抱在一起哭了。我们俩现在常常通微信。明年我还要去！"威利低下了头。

"哥哥，吃肉肉！"弟弟夹了一大块鸡肉放到哥哥的盘子里。

"今年初，威利开始抽条儿了，长高了大半头，露出了青少年反叛的苗头，我说什么他都怼。从中国回来后，他像换了个人似的，对弟弟和我好得不得了。最近还找了一份工作，他要给那个孩子的家庭每月汇三十美元，直到他上大学。"

"妈……"威利嗫了。

"得了得了，不说这个了。你近来身体如何？"我把一大块鳕鱼放到威利的盘子里。

"去年我做了乳腺癌手术，接着化疗和放疗，我一直没有改变工作节奏。其实得了乳腺癌，我并没感到不适，唯一不快的经历是化疗，看了那么多有关化疗的文章，我很纠结。我的大夫说，权当是跟着我跑一次马拉松吧，你一定要有信心，拖着拖着我也要把你带到终点，而那将是你新生活的起点。今年年初，白细胞很低，但现在全都正常了，我每天按时服他莫昔芬，用来降低雌激素水平。医生说我恢复得不错，只需要每半年检查一次就行了。"

"最近看到作家冯唐写的一篇关于乳腺癌的文章，好像是'为什么好女人会得乳腺癌'，作为研究妇科肿瘤的博士，他说话应该是靠谱的。"

"我想他的意思是思维缜密、追求完美的女人容易得乳腺癌。经过这场病，我的观念有了很大转变，寻开心，不较劲。老天给了我重生的机会，我不会只为自己活。今年这个夏令营让我体会到了更丰富的生活，发现自己可以有不同的用处。"

"你烫发了？"玉儿的发式以往是清汤挂面玉女范儿，现在变成了大波浪，"什么时候改走风情路线了？"

"我也纳闷呢，化疗时掉的头发不仅全长出来了，而且是卷的，梳一梳，就成这样子了。"

"哇，化疗这么难受的事儿都能滋养你的美丽，服了，纯美人儿！"

饭后甜点是香草冰激凌和巧克力蛋糕，几乎全被弟弟吃完了，一肚子糖的小男孩再也坐不住了，拽着哥哥和妈妈往外走。

玉儿边走边说："你快别怄我了。不过，你不是第一个提出这谬论的人。刚诊断出这病时，我的一个闺密说，乳腺癌十之八九都是由雌激素高引起的，雌激素是女人青春美丽的源泉，你看看从陈晓旭、姚贝娜到安吉丽娜·朱莉，这些得了乳腺癌的女人，哪个不是倾国倾城？拜托，不是随随便便一个女人就可以得乳腺癌的。"

一听这话，我赶紧告辞，钻进汽车，仔细端详后视镜中的那张脸，左顾右盼了一番后，彻底踏实了，轰的一声，踩响了油门。

# 在斯坦福展望未来

　　斯坦福是个神奇的地方。单说一例，斯坦福大学 600 多位学生上了为期三个月的人工智能课程，就现学现卖，弄出了 300 多项人工智能应用。2016 年年尾，在好奇心的驱使下，我和做高科技风投的先生，充分利用我家就在斯坦福大学边上的地利，广发英雄帖，在家摆"鸿门宴"，请斯坦福的教授、学生二十多人来我家，当然没到扣人的地步，但每个赴宴的人都得留下点儿说头。

　　我盘算了一下，中餐是太麻烦，西餐又做不好，面条是最安全的主菜。我做了两大盘意大利面条，烧上油锅，滑入蒜末，再把虾、蛤蜊、海虹①、鱿鱼倒到锅里。翻几下，加一杯白葡萄酒，待蛤蜊全张开了嘴，虾全泛了红，起锅，浇到那两大盘煮好的意大利面条上。撒上细细的意大利香菜末，红白绿相间，我管这叫意大利海鲜面。头道是沙拉，手撕生菜头，拌入橄榄油和醋。年轻人饭量大，口味重，弄两条大面包，中间剖开，抹上奶油，撒些蒜末和盐，放入烤箱烤

---

① 海虹，学名贻贝（mussel），又称淡菜、壳菜、东海夫人。海虹具有很高的营养价值，被称为"海中鸡蛋"。

五分钟。当蒜蓉奶油面包的香气弥漫在屋里时，无论主妇的厨艺有多差，客人们也会赞不绝口。就这样，我在一个半小时内，为二十多位客人摆上了晚餐。

主餐吃完了，烛光还在摇曳，酒还未干，茶和瓜子上桌后，话就开始密了。话题从中国该不该花巨资建加速器开始。

电机工程系的博士小邓说："我现在做的课题是'电介质激光电子加速器（DLA）'。说白了，就是用集成电路的工艺来做加速器。我的指导教授詹姆斯·哈里斯（James Harris），站在学校的后山上放眼一看，世界上最长的加速器就在山脚下。教授想，可不可以用做集成电路的方法来做加速器呢？在斯坦福就是这样，无论你有的主意有多胆大，总有更妄为的。摩尔基金会为这个项目拨给斯坦福1400万美元。这个摩尔就是那个著名的摩尔定律 ① 的发明人。当今，集成电路已经缩小到原子级别了，独孤求败，终于找到目标了：把这个3000米长的巨蟒，缩成3米长的工作台。"

小李问："这么神，怎么可能？"

沈志勋教授说："小邓同学说的这种电介质激光电子加速器用超快激光器作为源，从而拥有两个数量级更强的加速电场。电介质作为DLA的构成材料，也比传统大型加速器的金属材料的激光损伤

---

① 摩尔定律由英特尔创始人摩尔（Gordon Moore）在1965年提出。内容为：当价格不变时，集成电路上可容纳的元器件的数目，约每隔18—24个月便会增加一倍，性能也将提升一倍。

阈值 ① 大两个数量级。因此与传统的粒子加速器相比，DLA 原则上可以提供更高的加速度梯度。这意味着尺寸只有传统加速器的千百分之一、普通光学实验台大小的电子仪器，功能与几千米长的加速器不相上下。"

小赵说："照您这么说，耗资数十亿美元的加速器可能用百万美元就能做出来？"

小邓说："这就是我们努力的方向。目前的实验数据符合我们的推论，当然这不是一朝一夕的事，我们的目标是 7 年。如果国内现在开始造传统的加速器，8 年后也不见得完工。到那时候，我扛一台回去，嘿嘿。"

沈教授说："世界上传统的国家加速器实验室，像斯坦福的SLAC、德国的 DESY、瑞士的 PSI 都很忙，我们要提前很长时间预约。如果小邓和 Harris 教授成功了，每个大学甚至实验室都可以安装一台。这种高风险高回报的尝试是要鼓励的。"

沈志勋教授是我们家的老朋友。20 世纪 80 年代后期，我先生在斯坦福电机系读博士时，我们住在同一幢学生宿舍楼里，可谓近邻。1989 年他毕业时被斯坦福破格留用做了助理教授，他搭建了世界领先的光电实验平台。1993 年，他在斯坦福加速器利用光电平台做实验时，发现了高温超导电子的 d- 波配对现象。作为斯坦福的教授，"发

---

① 　在特定波长的激光照射下，致组织最轻损伤时，受照组织处的激光剂量值即为损伤阈值。

明创造"就像空气一样，"发现"却像地震一样，不可捉摸，效果震撼。这不仅靠实力，还得有运气。物理科学自牛顿起，满树的果子都快被摘光了，发现越来越稀有了。沈志勋的这项发现，使人类对超导的认识进了一大步。他的实验平台后来进一步发现了量子材料中的一系列新奇现象，并由此衍生了许多光电和材料科学的发明。最近，他拍了一部以原子和电子为主角的实时纪录片，同步达到了前所未有的空间和时间的精度，分别为 $10^{-13}$ 米和 $10^{-14}$ 秒，把原子和电子从理论拉到了现实世界。这部纪录片将我们直接带入原子内部，把原子结构从理论变成了"眼见为实"。

二十年来，沈教授教书育人，先后带出了 80 多名博士和博士后，其中的一多半在美洲、亚洲和欧洲的大学当教授。现任中国超导国家重点实验室主任周兴江教授当年是他实验室的博士后，现任复旦大学应用表面物理国家重点实验室主任封东来教授当年是他的博士生。凭着一系列不间断的科研成果，沈教授毫无悬念地当选美国科学院院士，荣膺斯坦福教席教授，囊括了物理学界除了诺贝尔以外所有的奖。我在这儿撂句话，等他头发白了，诺贝尔就会从天而降。最近，由耐克总裁菲尔·奈特和斯坦福前校长约翰·轩尼诗主办的培养全球领袖的硕士精英学院，聘请了 14 位德高望重的斯坦福教授担任董事会成员，沈教授是其中唯一的华裔。顶着这些光圈，沈教授讲话总伴随着"一句顶一万句"的气场。大家要他讲讲当今硅谷的趋势。沈教授轻轻地拨了拨壁炉里的木柴，火光映红了他的脸，他呷了一口红酒，娓娓道来。

硅谷的知识产业链一直由认知和创新共同组成。认知世界是创新的基础，应该是无拘无束的。而创新则往往是应用为目标，这就要了解社会变迁趋势和市场需求。基础和认知研究着眼于社会发展的长期耐力，而创新则注重解决社会经济发展的急迫问题。认知和创新投入的不同侧重也是美国两大政党科技政策的重要区别，这个变化也会随特朗普及共和党在选举中的意外胜出而显现出来。人口结构的变化和全球化的消费者群体大规模崛起是当前社会变迁趋势的主调。

硅谷对社会变迁趋势、市场需求及社会经济发展的急迫问题是极为敏感的。

硅谷趋势之一：基因测序形成完整的产业链，包括基因分离和放大、基因排列分析、基因关联解读、基因临床报告、基因精准医疗。

趋势之二：虚拟现实（VR）及强化现实（AR）技术进入普及阶段。这两项技术在娱乐、消费、培训、教育、沟通、社交等领域的应用，将带来全新体验，以至虚拟技术有可能成为下一代的计算平台。

趋势之三：以新型电动汽车为目标的一系列革新，从电池到系统，将会涉及整个汽车工业产业链的方方面面。自动驾驶，在将来会成为现实，这对物流、商贸的冲击是巨大的。这将有赖于精准和快速的实时测距成像技术，现在机器的反应速度已经达到 0.1 秒，比人类的快一倍。在自动驾驶普及以前，这些技术也将让汽车驾驶和高铁运营更安全。

趋势之四：人工智能 / 大数据，智能机器人，非重复工作的自动化。随着精准感应和控制设备的发展提升，人工智能和机器学习技术的发展，能够从事复杂定制化服务的机器人也开始出现。一些和自动化关联的技术也得到发展。

趋势之五：食品革命。食品的突破性技术开发，如人造牛肉，这是 1000 亿美元的市场。生物学和植物生物学的发展，让我们可以有新的食物生产方式，比如不需要通过牛吃草来生产牛肉，而是用植物直接生产肉类产品，这对资源节省和环境保护有重大深远的影响。还有生产敏感灵活的采摘水果蔬菜的机器，把损耗降到几乎为零。


我直纳闷，书生气十足的沈教授，讲起话来怎么会和我那做风投的先生不相上下。我悄悄地问我先生。他笑着说，没想到吧，沈教授是同行。小李悄悄告诉我，沈教授创建了两家公司，都卖了，2015 年创办了 LDV Partners（复盛创投）。

# 诺贝尔物理学奖得主的新使命

2001 年，斯坦福大学的卡尔·威曼教授因为在玻色 - 爱因斯坦凝聚态的研究，和另外两位物理学教授平分诺贝尔物理学奖。20 万美元的奖金还没焐热，他就把这笔钱捐出来，成立了专门研究理工科教育的基金会。对教学，他怀着宗教般的情怀。他说："世界需要理工人才，而现行的教学方法使得大多数学生对理工科望而却步。我研究教学改革已经多年，如今顶着诺贝尔的桂冠，我说的话有人听了。"

威曼现在是斯坦福物理系和教育学院联合任命的教授，是当今美国教育界的一杆大旗。他最近在斯坦福作报告，以下是我的笔记。

传统的教育形式，从苏格拉底、孔子到当今，两千多年了，教学内容千差万别，教学形式却鲜有改变。就是老师口若悬河地讲，学生被动地听。就拿本科物理教学为例，几堂课下来，学生溜了一半，主要是因为听不懂，考试成绩不过关。留下来的学生，经过一学期的传统的课堂，大多也对物理失去了兴趣。

我想，物理是充满奇迹和逻辑的学科，为什么这么多同学放弃？

为了找到答案，我和我的同行们观察了许多课堂，用研究自然科学的方法论，从做对比实验开始，经过假设、收集数据、分析结果，一步步设计出一种新的教学方法。我把它称作"互动教学方法"。首先用在了物理教学，十几年下来，慢慢地扩展到其他理工科教学。

下面我来解释这种教学方法。我认为本科教学的目标，不是把学生变成某个领域的专家，而是帮助学生掌握这个领域的知识，从而根据知识做出专业、有效的判断。

这套教学法的前提是教授要完整地、彻底地弄明白自己所讲的知识，他是这门知识的专家。教授把课程分解成小的单元，通常本科物理的课程至少会分成50个小单元。每个单元都像一块石头，学生们要熟悉每块石头。然后按照石头的性能，把它们组合起来，最终建立起牢固的智慧大厦。

具体做法是，教授给学生布置课前阅读材料，虽不要求学生全读懂，但要知道课堂上教授会讲什么内容。通常，上课时教授先就下列问题提问学生：基本概念和模型，与之无关的问题，与之有关的问题，为什么会想到这个问题，怎么解决这些问题等。教授根据学生的回答来了解他们对这个单元掌握的程度，进而决定讲述内容。

接下来，学生分组讨论。这种讨论不是泛泛的，而是紧扣教授精心设计的某个主题，讨论的过程也是练习的过程。学生要想在讨论中做出有意义的发言，想不在同学面前露怯，必然会认真准备。这样的讨论刺激同学的主动性，结果是学生对知识的理解更加深入。在讨论的过程中，不懂的同学从懂的同学那里学到的，往往比从教授那里学到的更多。因为学生们的背景相似，讲同类的语言。教授和助教在各讨论小组间巡回，听学生的讨论，收集同学们的疑问和错误。小组讨论是有时间限制的，时满即停。教授开始针对他听到的问题和需求讲课。学生印象最深刻的是教授对错误的分析。

没用的东西是引不起人们的兴趣的。因此高明的教授会进一步引导学生们将所学的知识投入应用，这样可以加深学生对知识的兴趣和理解。

通常，小组讨论的时间大约是课时的50%。考试形式通常是开卷，因为记住多少概念和定理是没有意义的，关键是考他们理解了多少。考题体现了教授的水平。

讲课—小组讨论—针对问题讲课，学生在课堂上不再是被动地接受知识。老师讲在坎儿上，师生互动结合学生互动，课堂上讲授—讨论—反馈—练习—纠偏，循环往复，这就是有效互动教学。

我和我在其他大学的同事多次做过实验：一个非常有经验、德高望重的教授用传统教学法，而另一个是刚刚毕业的博士，用有效互动教学法，同样的课程，同等水平的学生，后一种方法下学生的成绩比前者高出一倍。

前不久，加州大学圣地亚哥分校的计算机科学课程教学，也作了对比实验。结果是，采用传统教学方法的班有 20% 的学生没有通过考试，采用有效互动方法的只有 7% 的学生没有通过。

越来越多的大学参与了这个实验，所得的数据差别不大。采用这种教学方法，并不需要大学额外的投入，一般说来，只要经过大约 50 小时的培训，教授都可以熟练地运用这种方法，取得立竿见影的效果。

讲到这里，威曼教授一改温文尔雅的范儿，声音突然提高了，坐在第一排的我看到汗水湿透了他的前襟，在这阴雨绵绵的下午，我感受到了他的激情。

# 对话斯坦福校长

约翰·轩尼诗教授 1995 年任斯坦福工学院院长，1999 年任斯坦福教务长，2000—2016 年担任斯坦福校长，其间斯坦福完成了从一个地区性教育机构到世界顶级大学的蜕变，斯坦福外围的硅谷也成为世界创新引擎，而轩尼诗教授成了公认的"硅谷教父"。近日，约翰·轩尼诗教授接受我的专访，畅谈斯坦福的成功及其与硅谷的关系，并对近期新技术领域可能实现的突破进行了展望。

**关键技术的发源地是大学而非硅谷**

我：过去 16 年斯坦福做了些什么？在硅谷的发展过程中，斯坦福扮演着什么样的角色？斯坦福是如何变成这么多创意新公司发源地的？

约翰：因为我是一个计算机工程专业的教授，所以我集中在这个领域。当然我也可以谈很多生物工程。你也知道，我们和加州大学旧金山分校合作创立了现代生物医疗工程学。我经常思考的问题是怎么把斯坦福变成一个发明创造的生态系统。大家都意识到新的科学技术是新兴公司和产业的基石。从半导体技术、计算机、互联网、生物医学，到如今的人工智能，莫不如此。这一波一波的新技术给新型商业提供了无限的机会。硅谷产生的不只是新兴的企业，还包括一个又一个新兴的工业行业。大学是这些关键技术的发源地。这个趋势越来越明显了，主要是因为硅谷的公司不像以前的贝尔实验室、IBM实验室和施乐实验室那样，长期地投资在技术革新领域。硅谷的公司可能会为五年的目标来投资，但是他们不会为20年后的成果投资，而斯坦福大学的研究目标往往是长远的深入的。更重要的是，大学的人员在不停地流动，我们能够招到非常聪明的年轻的研究人员。比如说思科、雅虎、谷歌的创始人，他们都曾经是斯坦福的人。人是第一要素。大家在校园里看到很多非常壮丽的大楼、实验室，但这些并不是重要的，重要的是在这些建筑里工作的教授和学生。

每个人都有不同的长处。有的人很有眼光，一项新的科学技术萌芽，他不但可以看到可行性和未来的应用性，而且会专注地研究它、完成它。

有的人善于探索，他们愿意尝试新的途径，有时候面对问题，他们是非常天真的。他们的知识、经验和直觉，使得他们不放弃科研中看到的每一个不寻常的新情况，而这些新情况正是发明和创造的基础。

有的人不倦地投入工作，他们乐观、聪明、有活力、专注。斯坦福的研究生们就是这样的一群人。斯坦福在全世界范围内招收最好的学生。我们的研究生中近一半是国际学生，最多的国际学生来自中国。目前硅谷那些成功的高科技公司，他们的发起者中至少有一人不是在美国出生的。

我经常和学生们讲，你来到斯坦福不是为一张文凭，你是来这里做一件大事情，它将改变这个世界。工资、名誉、研究基金、和睦的人事关系，都是大学成功的重要因素。

在一次与中国大学校长的聚会上，我告诉我的中国同行，为了创造一种和谐轻松的人文环境，我让我的研究生直呼我的名字"约翰"，他们惊得眼镜都要掉下来了。

好的大学会给研究人员以充分的自由，让他们自由地选择研究课题和方向。创新的中心是人。一项技术从斯坦福实验室转移到工业界，这个转移的核心不是技术，而是人。你要坚信尔的技术可以在工业界做成产品，你要说服那些对你和你的研究成果持怀疑态度的人，最终把大家团结在你的周围，把这个产品做成。这个过程充满艰辛，你要有很坚强的神经。

斯坦福工程学院每年花在博士生身上的钱比教授的工资总额还要多。我们认为博士生是发明创造的中心。斯坦福每个教授指导的博士生的人数，在全美大学里是最多的。我们还培养大批的硕士，他们是硅谷的生力军。我们还有许多学生创业俱乐部。我们每年都有创新大赛，只有十分之一的项目得到在大赛上展示的机会。我们也给学生提供创业课程，让他们了解商业运作的规则。

　　大学的科学研究是长远而深入的，而工业界是要做出有用的产品，功能不同，但是可以互相尊重，结合优势，达到双赢。

　　一个成功的公司需要有两种人：一种是制作出好的产品，另一种是把这个好的产品推销出去。

　　创新像浪潮一样一波接一波。当浪潮来时，会创造出一种新的工业行业。电子创新造就了惠普，半导体创新造就了英特尔，计算机创新造就了苹果电脑，互联网创新造就了谷歌，社交网络造就了脸书。我们现在正进入人工智能和机器学习的创新，下一波公司正在地平线上。创新不仅需要技术知识，还需要相应的市场来容纳这些创新。

　　**斯坦福孕育硅谷，硅谷反哺斯坦福**

　　我：请以谷歌为例介绍斯坦福大学是如何鼓励学生创新发明办公司的。

　　约翰：当年，斯坦福的研究生佩奇和布林发明了一种新的算法。这当然是斯坦福的研究成果，由斯坦福大学申请了专利，然后把这项专利的使用许可交给佩奇和布林。他俩成立谷歌后，斯坦福大学以专利入股谷歌，从而拥有谷歌股份。这样斯坦福和谷歌站在同一条船上，斯坦福当然希望公司能够成功。这是典型的斯坦福学生创业的经历。

　　雅虎是另外一个类型的创业。斯坦福的学生杨致远建立了一种因特网的商业模式，虽然它的技术含量并不是很高，没有申请专利，但是它创造了因特网运行模式，证明网络是可以创造商业价值的。斯坦福同样给予他们很多支持。斯坦福非常鼓励学生把发明创造变成生产力。当然学校也从中获得了很大的经济利益。例如，20世纪40年代，惠普公司在当时的工学院院长特曼教授的鼓励下成长起来，几十年来惠普公司给斯坦福的捐款累计达到十亿多美元。斯坦福孕育了硅谷，硅谷反哺斯坦福。

我：未来20年摩尔定律还适用吗？

约翰：摩尔定律所描述的成长周期现在开始变得越来越长了。现在硅片上的元件密度非常大，现有的硅材料已经无法容纳。更重要的是，随着元件密度增大，功耗也增大。这种现象被业界称为伯纳德定律。硅材料已经进入死胡同。因此，要提高半导体器件的效率，我们目前要从结构设计着手。最终的解决办法是找出一种新的代替硅的材料。目前这种材料还在研发阶段，离目标还差很远，我估计需要10到20年的时间。

我：近年来亚洲半导体发展迅猛，您是否担心这会影响到美国在这个行业的领导地位？

约翰：这个行业兴起之初，只有制造半导体的企业从事半导体设计。但到了20世纪80年代，半导体设计与半导体制造分离，吸引更多的人才进入半导体设计领域。当前，大规模的半导体工业生产集中在中国大陆和韩国，还有台湾地区，半导体设计则主要集中在美国，从而形成了一个完整的半导体工业供应链。如果美国可以在设计领域里保持活跃和先进，在半导体行业的领先地位应该不成问题。

### 硅谷生活成本飙升困扰斯坦福

我：斯坦福的校长是怎么选出来的？

约翰：斯坦福大学包括附属的医学院，有16000多名学生、两万多员工，其中2100多位是教授。这是一个年运营额50亿美元的大单位，按照运营规模，可以进入全世界头二百强企业名单。

斯坦福的校长，不仅是学者，还要有经营能力。斯坦福大学聘任新校长是一个非常复杂而漫长的过程。2015年6月，我宣布一年后离任，从那时起就开始了新校长的选拔工作。学校为此成立一个19人组成的专门委员会，包括校董、教授、研究生、本科生和行政人员。经过半年多的工作，2016年2月，这个委员会通过无记名投票，正式选定了现任的校长。

我：斯坦福校长负责哪些日常工作？

约翰：斯坦福校长和教务长有很有效的分工。校长代表整个大学，主要负责学校对外事务，比如说加强和校友、捐赠人、校董还有政府机构的互动关系，争取他们对学校的最大支持。教务长则主要负责校内事务。

我：斯坦福怎样招到最好的学生和教授？斯坦福大学与东部的大学有什么区别？

约翰：斯坦福真正的起飞是在20世纪50年代，那时我们有一个非常能干的总教务长，特曼先生。他常说的一句话是，两个能跨过一米高栏杆的人，是跨不过两米高的栏杆的。一个专业如果有一个好的教授，这个系就有了发展的基础。世界上没有任何一所大学能在每个专业都领先，斯坦福大学要一个系一个系地建，先找出着重发展的领域，然后用有限的资源找到最好的教授。有了好的教授，就可以吸引来好的学生。有了好的学生就可以吸引来下一代更好的教授。一个系的良性生态系统形成了，再发展另一个系。举例说来，20 世纪 50 年代，医学院创建之初，特曼先生一共聘了六位教授，其中两位获得了诺贝尔医学奖。接下来，他就开始建立计算机系。第一位教授是唐纳德·尔文·克努斯，是当时最有名望的计算机领域的教授，他获得了图灵奖①。在他的带领下，斯坦福大学的计算机系培养了世界上最多的图灵奖获得者。斯坦福还做了一件与东部大学不同的事，这就是自打开创就招收女生和国际生。而哈佛、耶鲁和普林斯顿的历史上都有一段时间不接受这两类学生。斯坦福大学坐落在环太平洋圈，我们非常看好我们的地理优势，我们重视亚洲学生。

我：有什么事让你晚上睡不着觉？

约翰：硅谷的成功，使得学校周围的生活成本飙升，这给我们的教授和科研人员的招聘造成很大困扰。校内校外的堵车情况也越

---

① 图灵奖（A.M. Turing Award），又译"杜林奖"，由美国计算机协会于 1966 年设立，专门奖励那些对计算机事业作出重要贡献的个人。名称取自计算机科学的先驱、英国科学家阿兰·麦席森·图灵。

来越严重。

我：请您谈谈对中国留学生的看法。

约翰：斯坦福留学生族群中，研究生学位的中国留学生是最多的，其次是印度。工程学院的研究生一半来自中国，他们非常棒。在过去的 20 年中，我发现他们的英文水平逐年提高。英语水平对于学生顺利完成学业和今后事业的成功是至关重要的。去年 3 月，我在上海见到了三个刚刚被斯坦福录取的学生。半年后，在新生欢迎会上，我又见到了他们，我简直不敢相信这是同一拨人。他们的穿着打扮和英文都让我认为他们是美国出生的亚裔。中国留学生专注、聪慧、勤奋、好学、有干劲，给我留下了深刻的印象。当前，中国产生了很好的创新发明和企业家文化氛围。企业家的成功，不只靠他个人努力，需要学校的教育、社会的支持。

我：您觉得现在的在线课程会对斯坦福产生冲击吗？

约翰：毫无疑问，在线课程是当今教育行业的一个部分，但不是全部。课堂教育仍有很大的优势，比如说即时反馈。学生之间、学生和老师之间的互动，还有学习的环境，对于学生理解知识是非常有帮助的，这些优势是在线教育所没有的。当然，随着人工智能和虚拟技术的进步，在线教育在教师与学生互动交流方面可以有所改进，但这需要时间，不是近期就可以实现的。

**应给创新企业设置时间表，避免过多浪费资源**

我：斯坦福有没有一种特殊机制，帮助企业和学校沟通？

约翰：斯坦福几乎每个系都设有特殊的机构，来帮助企业和系里沟通，企业可以了解科研发展状况，也可以招聘毕业生。

我：创业有什么规律吗？

约翰：我的经验，所有的人都可以创业，但创业成功是靠极少一部分人的天分。

政府怎么样对待风险投资、股权，怎样鼓励大学和企业结合，建立互助双赢关系，这些政策很重要。创业是个很复杂的过程，环顾那些成功的创业，它们各有不同，如果都一样就不叫创业了。当然创业有内在的规律。以半导体工业在台湾的成功发展为例，当年台湾就是以政府的力量来支持半导体工业。政府提供资金厂房和工具，不断地吸引人才加入，才造就了庞大的先进的半导体加工业。

现在中美两国都建造了一些产业孵化园区，这对创新是有帮助的。但大多数孵化园区都有一个相同的问题，就是放任企业在园区内长久存在。在硅谷有一家非常成功的孵化园区叫Y园区，入住的企业，三个月或者六个月，如果没有进步就会被赶出园区。我认为应该给创新企业设置时间表，如果到期达不到目标，就要结束或者转移方向，避免过多的资源浪费。

我：未来三年内，斯坦福会有哪些领域取得突破性的进展？

约翰：我首选人工智能和机器学习。为此我们需要建立庞大的数据库。我最近看了一项研究，训练机器来分析美式橄榄球，这个训练的过程需要数百万个小时。总有一天，这些机器学会了像人一样思考问题，这就是革命性的。

自动驾驶汽车技术会在今后三年内成熟。这对人们生活的改变也是革命性的。

我：中国公司怎样可以得到斯坦福的创新技术呢?

约翰：一个方法是从斯坦福购买专利使用权。早在 1970 年，斯坦福大学便设立技术授权办公室①，管理专利事务，有空看看这个网站：https://otl.stanford.edu。另一个方法是，在校园找到那些技术非常强的人，把他们凝聚在一起。

① The Office of Technology Licensing，简称 OTL。OTL 负责管理斯坦福的知识产权资产，包括统一为学校内的各项科研成果申请专利，并授权给合适的对象。2014 年，OTL 获利 1.086 亿美元。

# 九个月拿到斯坦福硕士学位

　　山姆·施瑞博是斯坦福土木和环境工程系研究生。他像其他男生一样穿着牛仔裤和套头衫，个头也不高，但站在学生堆里却很出众。可能是因为他的衣服大小合体，或者是他的头发、眉毛和胡子的边界都很清晰，还有可能是无框眼镜给他深邃的蓝灰色的眼睛平添了一种平和的气质。反正他是个整齐的，而且有板有眼的小伙子。

　　山姆得意地说："我有一个中文名字'龙迅'。我的专业是大气和能源，研究方向是提高能源使用效率和更多地使用清洁能源，如风能、太阳来缓解大气污染。我计划用九个月，也就是三个学季拿下硕士学位。"

　　"这么快就可以拿到硕士学位？"我很好奇。

　　"修够45个学分，学位就到手了。这个学季，我修了5门课，每天睡觉的时间不超过6小时。下一季结束时，我会修满50学分，我赚了5分。"

　　"讲讲你这个学季的课程吗？"

　　"所有课的期末考试都不是答卷子，而是完成项目。"

　　接着，山姆详细介绍了他参与的五个小组项目，涵盖编码、电气工程、土木工程、建筑设计、能源政策和市场结构。每周至少花60个小时才能完成这些与课程直接相关的工作。

"节能建筑"，每周3节课，每节课1小时，每周花6小时做作业。课程主要内容是定量评估住宅建筑使用再生能源的最佳方案。

课程项目是设计一幢零碳排放的独栋住宅，包括为建筑外围结构的热损失数据建模，计算出恰当的太阳能电池板数目，住宅所需的电力全部来自太阳能电池。目标是让住户在第一年里实现正现金流。如果没有精确的计算，用户安装的太阳能板过多或过少都会给他的经济效益带来负面影响。

"空气污染和全球变暖"，主要研究地球大气层的演变、雾霾的成分、室内空气污染、酸雨、可再生能源，全球变暖的原因和影响，能源系统气候的影响等。每周3节课，每节课1小时，每周花4小时做作业。

他的班分成好几个小组，每个小组选一个地区，收集分析这个地区的数据，然后为这个地区制订一个清洁能源行动计划。山姆的小组选择了西弗吉尼亚州，这个州是最棘手的，因为当下它全依赖煤炭发电。他特别感兴趣的是分析这个州的能源消耗，为其未来的能源需求建立模型，并且探讨可再生能源发电对批发电力市场的影响。经过一系列的演算，他们提供了一套方案，如果该州认真执行这个方案，到2050年就可以完全脱煤，实现完全的可再生能源供应。

"能源市场和政策"，每周2节课，每节课1.5小时，每周花

10 小时做作业。这是商学院的课程，研究能源和环境市场的运作规律和实现预期政策目标的监管机制。有趣的是，这门课用电力市场游戏作为中心教学工具，山姆和同学们扮演发电商和零售商的角色，设身处地地了解市场规则，包括环境法规和可再生能源要求，制订影响市场参与者的战略。这门课理论和实践紧密结合。理解能源和环境市场概念对市场运作至关重要。他们还学习石油、天然气、煤炭、核能、太阳能、风能和生物质等主要能源市场的特点，企业与政府在能源生产、研究、管理、贸易、投资领域的关系，政府的监管职能，学术界、智库或咨询机构的角色。主讲教授还请来电力行业的高管客串讲课。山姆的小组课题是用几周的时间，了解市场运作情况、政策，研究电力批发市场，最终设计出最大限度地提高电力市场交易收入的模型，和班上的其他小组的模型竞标。山姆每天都要调整他的发电机组入市的最佳时间，决定是否需要购买新的发电能力，交易碳排放配额与可再生能源信用，调整衍生品和远期合约的策略。

　　"能量系统的优化"，每周 3 节课，每节课 1.5 小时，每周花 12 个小时做作业。因为涉及数学优化算法、多目标编程在能源投资的应用、高效能源的生产和转换，这门课要求具备扎实的数学和计算机编程能力。

　　山姆的团队正选择给上海的一座商业建筑设计一个空气通风系统，在最大限度地降低成本的同时，保持一定的空气质量标准，如降低室内颗粒物、湿度和二氧化碳的浓度。他很喜欢这个项目，它是代码建模和解决实际问题的完美组合。

　　"可持续发展项目"，每周 1 节课，每节课 1.5 小时，每周花 8 小时做作业。他们要设计和制作一个产品，用以解决发展中国家在文化、政治、组织、技术和商业中一个现实的问题。全班被分成三个小组，与企业家和非政府组织合作完成产品的设计和制作。他们组的项目是为菲律宾一个渔村设计太阳能充电站。那个渔村的渔民通常在夜晚钓鱼，需要渔灯，但岛上没有充电设施，渔民必须从岛上坐船到大陆，才能给渔灯充电。他们设计了一个太阳能充电站，安置在渔民们居住的岛上。山姆负责设计电路板，预计在毕业之前，做好整个电站的模型。

　　我不由地说："你的这些课都很实用，可以直接用来解决问题。"

　　"是呀，今年下半年我参加工作，即便不能直接解决工作中的问题，我也知道解决这些问题的途径和工具。如果能够找到新的途径和工具，我就自己开公司了。"说着，他脸上划过一丝坏坏的笑。

　　"你希望做什么样的工作呢？"

　　"最好是与电力能源建模相关的工作。我对电力市场设计和运营优化，电力需求预测建模，投资电力市场感兴趣。我不怕辛苦，对产品工程和制造也有兴趣。"

　　"旷野配龙驹，想去中国遛遛吗？"

　　"当然，怎么遛？"山姆问。

　　我被噎住了。

# 斯坦福版张铁生背后的故事

午夜铃声，我抓起电话一听，是闺密，一位国内资深媒体人。

她说："听说斯坦福今年录取了一个高中生，就凭着他抄了100 遍'黑人性命，举足轻重'这个口号。现在国内谣言满天飞，说他是斯坦福版的张铁生 ①。我不信！你在斯坦福附近，帮我打听一下真相。"

我睡意顿消，精神百倍，开始收集资料，发现整个事件是典型的只见树木不见森林。

这个幸运的高中生是孟加拉裔，叫艾哈迈德（Ziad Ahmed）。他可不是一般的高中生。他在希拉里·克林顿竞选团队工作过，曾被奥巴马总统邀请到白宫。更重要的是，他还登上了世界的舞台，在 TEDx② 讲述他在美国成长的故事。凭着这些辉煌的经历，还能在

---

① 张铁生：辽宁省兴城人，1950 年生。在 1973 年高考的物理化学考试中，他几乎交了白卷，并在试卷背面写信。事件被报道之后，张铁生成为名噪全国的勇于交"白卷"的反潮流英雄，后更被某学院破格录取。

② TED 是一个会议的名称，它是科技（Technology）、设计（Design）、娱乐（Entertainment）三个英文单词的首字母缩写。TED 大会每年举办一次，受邀者要在 18 分钟内完成自己的演讲。TEDx 是各地 TED 爱好者的组织，命名格式是"TEDx 城市名"，如 TEDxNanjing。

申请表上敲 100 遍"黑人性命，举足轻重"，斯坦福招生官心疼他那双小手儿。

斯坦福本科生的申请表是非常复杂的。首先，你要写一篇 650 字的文章，这个文章要讲清楚你是一个什么样的人。

然后，还要提交四篇短文：

1. 描述你的课外活动和工作经验。（不超过 150 字）

2. 描写一段经历或者思想，表明你的聪明程度。（不超过 250 字）

3. 给你未来的室友写一封介绍你自己的信。（不超过 250 字）

4. 描述什么对你举足轻重。（不超过 250 字）

我想，正是在最后，艾哈迈德把"黑人生命，举足轻重"抄了 100 遍。而他的辉煌经历，已经在前三篇文章中发挥得淋漓尽致。

除此之外，申请者还要回答以下一系列问题：列出你最喜欢的书、作者、电影或者音乐；列出你最喜欢的报纸、杂志和网站；当今社会最大的挑战是什么？最近的两个夏天，你都在干什么？去年以来你最喜欢的活动是什么？你最想亲临哪个历史事件？找出五个形容词来描述你自己。

当然，你还要提供四年高中的所有成绩、SAT 的成绩，还有三封高中老师的推荐信。

这让我想起了一个故事：500 多年前，有人在哥伦布面前贬低他发现新大陆的丰功伟绩。哥伦布默默地拿过一个鸡蛋，让那个人把它立在桌上。那个人摆摆手，哥伦布拿起鸡蛋，在桌上轻轻一磕，鸡蛋壳破了一小块，换来鸡蛋稳稳地立住。看上去雕虫小技，却是经过大西洋九死一生后沉淀的智慧。

足见这个艾哈迈德与中国的张铁生的情况，从个人条件到学校录取背景，都是截然不同的。至于国内为何有此一比，倒值得深思。

今年斯坦福录取的新生有 18% 来自从未有过大学生的家庭。这让那些本身高学位且事业有成、儿女杰出的父母情何以堪？老话咋说的？"富不过三代"。

# 尼克博士的话

"保罗·罗默教授把'知识就是生产力'这么一个朴素的、流传了很多年的口号，做成数学模型，加入知识这个变量，拉开了架势，写成36页纸的论文，得到了2018年诺贝尔经济学奖。这也忒容易和侥幸了吧？"午餐时，我和尼克·霍普博士当然离不开这个当天斯坦福大学的焦点话题。

"重要的是他的这篇论文发表在1986年，开一代先河。"尼克说。

尼克是20世纪60年代普林斯顿大学的经济学博士。"我们那个年代，通行的是新古典经济学，资本和劳工是经济发展要素。保罗引入了知识和创新，从此经济发展模型变成了四要素。"

"翻了一倍，诺奖是当之无愧了。"

"我很欣赏保罗的研究，每当我请他给斯坦福国际发展中心做讲座，他都毫不犹豫地答应。他讲起来充满激情，特别是当他谈到落后国家城市化的途径，很感人，说实在的，也很难执行，但他锲而不舍。"

"想起来了，当时我就听到听众议论他是当代的堂吉诃德。在当今世界还有这般改造社会的理想主义者，实属罕见。"

尼克是我的上司，在他担任斯坦福国际发展中心（SCID）的主任期间，保罗曾在中心做了一年多的研究工作，他的办公室和我的同在三层。我常看到他在楼梯上跑，跟人谈话，不是他笑就是对方笑。本来 SCID 已经随着尼克的退休而消失了，保罗的诺奖，又把它带回了斯坦福校园。

两个从 SCID 退休的人不由得开始怀旧。

从 1994 年到 1997 年，尼克担任世界银行中国部主任。在中国改革开放初期，世行贷款支持的中国基础设施建设项目大都在偏远的地区，尼克常去贵州和甘肃一带考察项目的进展。在和当地官员讨论时，他当时坚持每个基建项目一定要包括至少一座小学，"要不然，将来谁来操作这些机器？"后来费尽周折才彻底解决了这一问题。

1997 年，尼克罹患癌症，不得不长期留在美国治疗，但他始终惦念中国。于是，他加入了斯坦福国际发展中心，在他的领导下，中心邀请中国财政部、商务部、证监会，银行机构、大学，特别是中国西部贫困地区的大学的学者，开展主题为中国经济发展政策的合作研究。近二十年里，先后有约 200 名访问学者和访问博士生在 SCID 学习研究。2014 年达到顶峰，一年就接纳了 16 名中国访问学者。那年我们为给学者安排办公室伤透了脑筋，独立办公室不够用了，一些学者不得不和博士生们合用办公室，为此尼克深感过意不去。

每到春节和国庆节，尼克都会举行午餐会，招待中国的访问学者。记得有一年，他打开了一瓶茅台，香气顿时充满整个房间，一个学者拿起酒瓶子一看，嚷了起来，"这是 70 年代的陈酿！酒体都有些发黄了。"尼克红着脸说，他酒量很大，但一喝酒就脸红，还冒汗，平时很少喝。

考虑到大部分中国访问学者精于专业知识，但英文水平有限，尼克提议专为中国访问学者组织一天的研讨会，会议的官方语言是中文。学者们都很兴奋能有这样一个机会，承担了所有的会议组织工作，尼克拨出经费。2012 年春，第一届斯坦福国际发展中心中国学者研讨会在斯坦福经济政策研究院会议中心举行，与会者不仅有来自 SCID 以外的斯坦福其他科系，还有美国东岸的大学的访问学者。同年秋天，研讨会在北京大学斯坦福中心举行，有 150 多名已经回国的斯坦福访问学者参加。会议的论文后来被商务部的访问学者周密和湖南财经学院的欧阳教授编辑成册，并印成论文集。这个传统一直延续至今。

我和尼克如数家珍，回忆着当年的那些学者们，他们现在在哪里，日子过得怎么样，小孩多大了。我很佩服尼克的记忆力。说着说着，自然离不开尼克毕生研究的课题——中国经济。

"现在美国的政策变化，会给中国造成什么样的影响呢？"

"中国的发展是大趋势！按照保罗的经济发展四要素，人的因素从原来的二分之一变成了四分之三。人类史上霸主国家的火炬，从荷兰、西班牙到英国，再传到当今的美国，共同的交换点是人口规模，从百万到千万到亿，下一个就该传到十亿级的国家了。这是历史的潮流，中国赶上了。科技的发展，由市场的引领，加上政府的支持，主要是资金支持和知识产权保护政策，一定会拉近国家间的距离。"尼克一副胸有成竹的样子。

我一边把最后几块麻婆豆腐拨到尼克的盘子里，一边说："保罗在他的简历上郑重地写着 SCID 的经历，我为你感到骄傲！"

尼克掏出手帕，擦了擦脑门的汗，说："如果中国学者能把 SCID 的研究用在他们在中国的工作中，并写入他们的简历，我才会有感觉！"

"保罗今年 63 了，咱的学者大都还不到 50 呢。"我撇了撇眉毛。

"我等得起。"老爷子把几片回锅肉、麻婆豆腐和小半碗米饭拌在一起，笑眯眯地对着我，"是不是又往学者群发微信呀？"

静，是紧张生活的必需品。2017 年，斯坦福在学生宿舍区开辟了具有浓厚的东方神秘色彩的沉思中心 Windhover。一进门就融入了幽暗，心直往下沉，中心里面很空旷，没有家具，只有一些打坐用的软垫。这个建筑的唯一用途就是给学生和教师一个安静的地方发呆、冥想。Windhover，以艺术家 Nathan Oliveira 的绘画命名，我称之为"悬风堂"。室内非常安静，某天中午去那里坐了一会儿，竟睡过去了。走出堂门，微风拂面，心满意足。

斯坦福第一届学生中出了一位美国总统，他就是赫伯特·胡佛。他卸任后，把他总统任期（1929—1933）内的文件全部带到了斯坦福大学，母校为储存这些资料建造了一座87米高的塔。1941年落成的胡佛塔是斯坦福最高的建筑，塔顶上有观景台。登临此处，硅谷美景尽收眼底，天晴的时候可以看到旧金山市。塔顶的编钟，到了毕业季才会奏响。塔的周围是著名的胡佛研究所（全称为"胡佛战争、革命与和平研究所"）。前国务卿乔治·普拉特·舒尔茨离开政坛后选择栖身于此，首位黑人女国务卿康多莉扎·赖斯也曾是这里的研究员。这里还收藏着蒋介石和宋子文的日记、宋美龄的画，访客凭护照可以借阅。

PART.3
生活在硅谷

# 硅谷的无厘头官司

"那官司落听了，有空吗？"小丽终于给我打电话了。我俩是近在咫尺，三十多年的朋友，为了这官司，小半年没见了。

"当然了，我这儿有明前龙井，麻利儿的。"

水还没烧开，小丽就一阵风儿似的刮到了家门口，"终于解脱了。"人一落座就打开了话匣子。

2009年金融危机的时候，一个做房产经纪的朋友握有一大堆穷人区的房子。他说，从长远看，旧金山湾区的经济一定看好，当下是一辈子都难遇到的投资房地产的机会。小丽抹不开面子，就买了一套，20万美元。不久，这位经纪帮小丽把房子租出去了，每月的租金是1700。租户是一个单亲母亲，名叫沙，她有三个年幼的孩子。就这么着过了五六年，按照双方的租房合同，如果沙要搬走，或是小丽要收回房子，只要提前一个月通知彼此即可。

2015年，小丽的姐姐移民美国。小丽短信给沙，告诉她有家人要入住，请她搬家。沙立刻给小丽打电话说，她的孩子都在附近上学，她在这里住惯了，不想搬家。这时小丽才发现，由于这个小城夹在脸书和谷歌总部之间，几年间，房租和房价飞涨，沙再也租不到这样的房子了。可是，相比于亲人，小丽当然得让沙离开。就这样，两个月后沙一家搬走了。小丽姐姐搬了进来。她在那儿住了几个月，说很不适应，决定回国一阵。小丽就把房子租给了当地大学的访问学者。

不知不觉过了一年。一天，小丽突然接到了沙的E-mail，说是搬家给她的家人造成了经济上的损失和精神上的痛苦，要小丽赔偿她4万美元。小丽觉得很可笑，就没有搭理她。

过了个把月，小丽突然收到了法院的传票。沙把她告上法庭了，而法庭决定受理这个案件。

诉状有好几十页长，洋洋洒洒列举了小丽40多条罪状。小丽一看就慌了，联系保险公司后，保险公司的律师打来电话。听小丽讲了一遍经过，律师说："你所在的城市，有一个保护租户的特殊政策，你的亲人要住这个房子是赶走租户的正当理由。但是，如果你的亲人在一年之内离开这个房子，你就有义务通知原来的租户，让她搬回来。你没有这样做，尽管你是合法的，但违规了。因为你不是故意的，所以保险公司可以赔偿。"

这个律师说话节奏快，条理清楚，很有说服力，得到了小丽百分之百的信任。小丽当场决定请他做代理律师。

一周后，小丽收到了律师的E-mail，他分析了那40多个罪名，然后列出了大约70个问题，让小丽做书面回答。要回答这些问题，小丽得找出过去几年的报税记录，还有和沙的通信记录。小丽用了整整三个星期才把这些问题回答完。不久收到律师的反馈，他可了小丽很多细节。一个星期后，律师还是不满意小丽的回答，于是他们多次进行长时间的电话会议，总算完成了书面答辩。不久，律师告诉小丽，原告同意庭外调解。

终于挨到了调解日，保险公司请了调停人，在旧金山一处专门负责调停业务的办公楼租了两间房，一间给小丽和保险公司职员，还有小丽的律师，另一间给沙和她的律师。

调解人先听了小丽一方的陈述，20 分钟后拐到沙的房间。大约中午时分，调解员回来了，告诉小丽沙情绪很激动，一直哭，要求赔偿 17 万。而保险公司只肯赔 4 万。

午餐后，调解人进了沙的房间。保险公司职员问小丽："通常客户为了尽快了结官司，都会在保险公司提出的赔偿金额上加一些钱，你愿意加一些吗？一分钱也是钱，表明你的态度。"

小丽说，愿意加 5000。

大约三点，调解人回来了，说沙降到了 14 万。

小丽的律师说，他们现在升到 4.5 万。

调解人又去了沙的房间，大约四点才回来：沙一分也不降。

小丽的律师要求和小丽单独谈话，他说："看来保险公司今天只能赔 4 万，如果要增加赔偿，这个职员要请示他的老板。如果你能够加 10 万，这个案子今天就可以了结。"

小丽对律师和保险公司很失望。

"那我会和对方的律师继续讨论,当然我们会需要你提供更多的材料。"律师说道。

一提起交材料,小丽就光火,她愤愤地说:"干脆对簿公堂。"

"这是下下策,沙孤儿寡母,如果她在法庭上声泪俱下,而你是地主,你想想,陪审团会站在你这一边吗?"

如果保险公司增加的话,小丽愿意加1万。

调解员带着5万去了沙的房间,不到一分钟就出来了,说14万是沙的底线。

保险公司职员说:"今天就到此为止吧。"

小丽满腹失望地回到了家。此后的两个月,小丽和律师几乎每天都要发E-mail,不停补充细节。小丽都快疯了。终于,小丽跟律师说要去夏威夷度假,否则会崩溃。

三天后,律师的E-mail又跳了出来,要求更多的细节,夏威夷的天立刻就变了。百般无奈中,小丽想起了当年卖给她房子的经纪,立刻电话他,恨恨地诉说几个月来的经历。

"在美国,只要你有工资以外的收入,早晚必会吃官司。想想你这几个月有多糟心,钱的最高境界不就是开心吗?你的房子也升值了,这笔赔款对你来说不过是数字,而对沙来说,可以确确实实地改善她家的生活。再说,不还有保险公司吗?他们出大头。你就权当做回好人吧。"

经纪的话让小丽豁然开朗，小丽立马给律师打电话，说愿意多出一些钱，尽快结案。律师说，沙应该可以接受 7 万左右的赔款，如果小丽出两万五，他应该能说服保险公司出 5 万，因为保险公司会权衡是付更多的律师费还是付更多的赔款划算。小丽当即表示赞同。

次日，律师告诉小丽，沙接受了七万五的赔款，案子结了。夏威夷顿时变成人间天堂。

谁知一个月后，小丽又收到了法庭的传票，原来当年沙养的狗伤了邻居的狗，那邻居把沙和小丽一起告到了法庭。

这次是在小额纠纷法庭，听到法官叫她的名字，小丽站起身来正要进法庭，突然背后有人叫小丽的名字，回头一看是沙。

"丽，这儿没你的事，我一个人担着。"她说。小丽愣在那里，眼瞅着法庭那厚重的木门在沙的背后关上了。

小丽的眼睛空洞似的，好像蒙上了一层雾。那茶，早就凉了。

# 硅谷传奇：从流浪汉到亿万富翁

卓云是我认识的最幸运的女人，硕士一毕业，就加入一家半导体初创公司，没几年公司上市，而且股价一飞冲天。她年纪轻轻就退休了，平日里除了打球就是看博物馆。

初夏的傍晚，我俩离开金门公园的笛洋美术馆，走到大街上觅食。我琢磨着，今天怎么着也该我买单了，最好挑个价钱合理的。路边有个意大利比萨店，我想比萨嘛，再看这店的门脸，贵不到哪儿去，就拽着她往里走。一进门傻眼了，里面灯光昏暗，还有亮晶晶的吧台，店员迎上来，那典型的意大利脸上的意大利式的笑，都溢到胡子尖儿上了，一看就知价格不菲而且没有退路。

卓云的手指在饮料单上滑动，"太花哨了。"她嘟囔着。"想听听我的建议吗？"循声望去，一个中年男人向我俩挥手。"邢先生，您怎么在这里？"卓云满腔惊喜迎过去，"这是我的朋友舒叶，"她转过身来，"这是我公司的老总，邢正人！"邢先生说："我虽滴酒不沾，但能猜到女士们喜欢什么样的酒。"他为卓云点了柠檬马提尼，给我点了薄荷朗姆。跑堂的把我们三人安置到一张大餐桌，上面摆了一大盘风干火腿片和油泡橄榄。

"这家店的老板兼大厨吉瓦尼是我的老朋友，我每次来旧金山都在这里用晚餐。"邢先生说。

卓云说："上个月我从西雅图回来，误了班机，给我先生打电话，告诉他我要在西雅图耽搁一天了。不一会儿，我先生打回电话说邢先生正好当晚离开西雅图，他请我搭他的私人飞机。这是我第一次坐私人飞机，不用安检，汽车直接开到飞机门前，太方便了。"

"私人飞机？"眼前这位邢先生一定是个有故事的人。于是我海阔天空，东拉西扯，气氛一下子热络起来，再加上酒精的作用，终于打开了邢先生的话匣子。

"我1959年出生在上海，我的父母都是水利专家。我8岁那年，正值'文革'，他俩去外地'支内'，我就和奶奶过日子。奶奶已经70多岁了，身体很不好，有时都下不了床。父母不在身边，无论我做什么，奶奶都说好，活得真是无拘无束。那个年代，我家常常揭不开锅，可我有成群的朋友，我们在一起用木头做风筝，还有飞机和船的模型。那时的节目可多了，打弹弓，斗蟋蟀，打群架，下军旗、象棋、围棋，夜里钻进食品店偷吃的。"

"当年你是怎么熬过来的？你最大的愿望是什么？"卓云问。

"当年大家都一样，并不觉得苦。能吃上一顿饱饭是一样了不起的大事。那时的口号是'复课闹革命'，在学校我读书就像照镜子一样，是反着的，不光是反的，还没有次序。别人看东西是从左到右，或从上到下，逐字逐句地读；我是一大片一大片地扫过去，入眼的都是几何形状，而不是字。当然了，我一直是所谓的'后进生'，老师和同学都说我笨，可我知道我不笨。因为老师在课堂上讲的物理和数学，我都听得懂，课堂上回答问题，我不比我的同学差，甚至比他们还好。我总想证明我不笨，但一次又一次的考试成绩真的打脸，啪啪的。"邢先生把手放到脸上，夸张的表情令我和卓云忍俊不禁。

"我现在还和发小们有联系，聚会时他们提起当年我和老师打架，我把他追得满楼道跑，后来不得不在六百人面前念检查。13岁那年，我和我奶奶被扫地出门，从小洋楼搬到了大杂院。有一次，邻居的大小伙子命令我奶奶搬东西，奶奶身体不好，动作迟缓，他就推她打她。我放学回家，看到这一幕，进屋抄起菜刀就冲了出来，向他头上砍去。他一闪身，刀落在他肩膀上，他落荒而逃到医院缝了好多针，我进了派出所。因为我年纪小，未成年，父母也不在身边，那位曾和我打架的老师实际上很喜欢我，他说这个小孩，不是坏，只是倔，家中处境凄凉，值得同情。由于他给我做了担保，我只被关了几天就放出来了。从此以后，那一片儿再也没人敢欺负我们祖孙俩了。"

"你的童年挺水浒的嘛！"

邢先生不好意思地笑了笑："上高中后，我被选到体校特训游泳，每天训练半天。对我这种笨孩子来说，体校成了我的救命稻草。

我常常自我安慰，不识字没关系，我的人生目标是当游泳冠军。我16岁那年，父母结束'支内'，回到上海，发现我连报纸都读不了，妈妈立刻就给我找了家教，从识字开始，一对一地教我识字。我刚刚能认识几个字，体校说我心跳快，游泳是没出息的，把我开除了。我当时觉得天都要塌下来了，难过得要死不活的。没办法，我只好跟着家教学习。我是通过写毛笔字学习认字的，与其说是写大字，不如说是画画。在我的脑子里，每个大字都是一个有意义的图形。就这样，我慢慢地可以读报纸了。多少年后我才意识到，冥冥中，是老祖宗的象形文字带着我逃脱了文盲的命运。"

"对了，我家有一幅邢先生的墨宝，是当年我家刚搬进新居后他给我们的贺礼。两年前，一位国内知名的书法家看到这幅字，翻来覆去问了我好几次，啧啧称奇。"卓云看着我，一幅恍然大悟的样子。

"高中毕业时，因为父母曾经下乡，我就有资格留在上海，被分配去了技校，学习车工和钳工。可到了1978年春，第一次全国统一高考，我因为是在校生，没有考试资格。但那时管得也不严，我写了一封介绍信，技校的老师给我盖了一个大印，我拿到了考试资格。当年上海的录取分数线是300分，我考了300多分，但因为我的在校学生身份，所以必须由我所在的学校开介绍信推荐我，才可入学。可我在技校成绩不好，每次考试，答题都是从后往前做，也就是说从难到易，估摸着够了60分，就交卷出去玩儿了。车工和钳工技术考核时，我也是做出要求的零件形状，能及格就行了，抛光、打磨这些程序我从来就看不上。老师都认为我是个坏学生。在那种环境下，我每天都很愤怒，破罐儿破摔，经常和人打架。再加上海外关系复杂，家庭成分不好，就这样，大学的大门在我面前关上了。"

卓云一仰脖，第一杯酒见底了。殷勤的酒保走过来给她满上。

"技校毕业后我被分配到上海纺织机械研究所的车间做车工和钳工。那时，我突然迷上了数学，每天也无心工作，沉醉于解各种偏题难题。后来参加了电大考试，成绩过了录取分数线，我去单位开介绍信，书记说：你平时太散漫，工分完不成，我不给你开介绍信是对你负责。从现在起，你端正态度，把工作做好，明年我批准你上电大。"

"那你不气死啦？"卓云抿了一口酒。

"可不是？ 1979 年中美建交，让我倒霉了一辈子的海外关系给我转了运。1980 年，我在美国的姑妈到上海探亲，看到我那惨样，回美后，就帮我申请到美国留学。1981 年的初夏我来到美国旧金山，住在姑妈家。姑妈一家人都是常春藤名校毕业的，传统的知识分子，家规非常多，而我从小就是没规矩的野孩子，没住几天我就和她吵翻了，离开了她的家。那时正值夏天，学校不开学。我背着我的全部家当，漫步在旧金山的街头上，身上只有 30 美元，语言不通，真是走投无路。好在天气不冷，我就跟着一帮流浪汉混，夜晚在金门公园里，他们教我用废旧纸盒子搭一个窝，半夜非常冷，刚好送报纸的一般都在凌晨一两点钟把报纸卸到各个分销点，我就跟着流浪汉们一起去那些分销点搬一摞报纸，塞到大纸盒子里，连铺带盖。你还别说，挺暖和的，像睡袋一样。"

我让跑堂的换上一壶新茶。邢先生轻轻地摇着茶杯，茶水在昏黄的灯光下金光荡漾。

"后来有一天晚上很晚了，我饥肠辘辘，在街上找饭吃。路过这家餐馆，老板正好走出来，他看见过我在金门公园的样子，问我愿不愿在这里洗盘子，可以提供吃住，还有热水澡。我那时浑身痒得都快发疯了，一听说有热水澡，就答应了。老板递给我一大盘意大利面。等我洗完澡，他领我到库房，指着一堆面粉袋子问：'你看这床行吗？'我有挑的资格吗？老板走后，我把面粉袋子码平，躺上去扭了扭，面袋子在我的身下，该凸的地方凸，该凹的地方凹，那是我这辈子睡的最舒坦的'床'。在意大利餐馆的那段日子是我来美国后最悠闲的时光。后来和老板聊天，才知道老板出生在西西里岛上一个贫穷的渔家，他妈妈特别会做饭，他到美国后和我一样身无分文，后来竟开了这家餐馆。

"我每周在这里做两三天，其他几天去另一家面包房工作，那个老板很黑，当时最低时薪是 3.25 美元，他只付我 1.5 美元。我因为语言不通，而且急需钱交学费，就同意了。可到了发薪日，他连一分钱都不付我，我一怒砸了他的门脸。他吓坏了，加上理亏，就把工钱给我了。当然这份工也就没了。我又找了一份工，清洁地下电缆。那时没有任何防护设备，我钻到地下，清扫沉积在电缆上几十年的污垢。恶臭、粉尘弄得我喘不过气来，直到生不如死的感觉充满了我的脑子，才不得不放弃。

"那时，作为一个语言不通的新移民，为了生存，什么脏活累活，只要能挣到钱，我都做。就这样，混到了9月开学，当时的学费是1800美元。我根本赚不到那么多钱，幸亏我姑妈给我付了学费，意大利店的老板也给我增加了工时，我再也不用到处找零工了。

"第一个学期结束后，我的堂姐来看我。她告诉我，旧金山以南、斯坦福大学附近的柏拉阿图有成人语言学校，不收学费。这可以省一大笔钱啊。于是我搬到了那里，三个中国留学生，加上我，四人合租一间公寓房。在柏拉阿图，我的第一份工是在一家叫富贵寿司的日本餐馆当跑堂的，一晚上小费就可以挣到二三十。没干几天，老板娘知道我的学生身份后，就客气地和我结了账。当时富贵寿司对面是一家法国餐厅，正好需要一个收碗盘、换桌布的小工，我就去了。那家店的生意很好，有时我一晚可以挣到七八十的小费。当然也特别忙。有一天晚上干到很晚，很累，没留神把小费和餐巾纸一起扔进了垃圾桶。老板看到了，说我是要偷小费，不由分说，就把我给开了。我的餐馆经验到此结束。"

"当年对你不错的两家餐馆都还营业，这家法国餐馆如今安在？"我不由得感叹。

"咱们开始点餐吧。"邢先生叉起一块裹着生火腿的甜瓜，切成两块。"我可以给你俩推荐吗？"

"求之不得！"

"如果你喜欢海鲜的话，海鲜意面最好。这家店的面条都是现做的，不是干的，海鲜味足，量大，你不会失望的。我知道卓云不爱吃面，池皮诺海鲜乱炖应该合她的胃口。我还是老一套，意式肉酱面。至于酒嘛，你俩尝尝 2010 年的洛伦苏干白如何？"我们俩连连点头，用热切的目光鼓励他接着往下讲。

"在餐馆打工的日子让我有很多机会和客人交流，揣摩客人的心理，迎合他们，这是我珍贵的经历。到 1983 年我已经可以说流利的英文了，我觉得给自己干事的时机到了。于是，我开始挨家挨户地敲门，推销我清扫院子的服务。有些人怜悯我，就同意让我给他们清扫院子。过了一段时间，我的业务升级到清扫室内。我骑着自行车，工具都拴在车梁上。后来略有积蓄，就换了一辆摩托车，扩大服务范围。一年下来，我有了近三十家固定客户。我自己掌握时间，语言学校上课几乎没迟到过，期末参加托福考试，几乎得了满分。柏拉阿图真是我的福地，我觉得我在这个小城里缓过神儿来了。"

"以后可不要小瞧园丁！"卓云和我碰杯，一饮而尽。

"一个偶然的机会，我的邻居造房子，那些工人看不懂图纸，我就帮他们看。我对图形有一种说不出来的亲切感，越是复杂的、立体的，我越来劲。我对图形的理解堪比普通人对文字的理解。后来口口相传，许多工头都来找我帮他们看图纸，指导他们搭房屋框架，特别是屋顶的框架。与此同时，为了维持学生身份，我开始去附近的山麓社区大学上课。我选了很多课，说实在的，我对那些课也不感兴趣，成绩也就是勉强及格。

"那时比起五年前，我几经算是个小富翁了，生活是不愁了，可是心里总觉得缺点什么，有时这种感觉强烈到我经常半夜醒来，只能从做数学题和看物理专业书中找到平静。渐渐地，我的头脑清晰了，我想转到四年制大学，系统地学习物理和数学。

"但当时的大学学费对我来说是天文数字，虽然我可以说流利的英文，可我一直对读书和写字充满畏惧，我的笔怎么也写不出我想要表达的东西。况且，以我的成绩也上不了好大学。我正在纠结时，接到了父亲的来信。他老人家的两个同学，在佛罗里达中部的佛州大学任教，一位是工程学院的院长，另一位任物理系主任，父亲鼓励我申请佛州大学。当我接到录取通知书后，又犹豫了，是否该抛弃眼前的稳定收入和熟悉的环境，横跨大半个美国去上学？

"我的一个客户，和我关系不错，我俩经常聊天。一天下午，我清扫完院子，他递给我一罐啤酒，我们俩开始聊我的大学。巧的是，他和佛州大学自然历史博物馆的馆长是哥伦比亚大学的同学，他把我介绍给这位馆长。不久，我收到了那位馆长的信。在信中馆长给了我一份帮他打理博物馆的工作。几天后，系主任也打电话告诉我，说是可以在他的实验室里打工，这两份工作时薪都是 9 美元，是当时最低时薪的三倍。这还用犹豫吗？我立马就决定去佛罗里达上大学。"

　　"1984 年，您已经 25 岁了，是从大一开始读吗？"我问。

　　"我在山麓学院修的学分佛大是认可的，因此我从大三开始读，是固体物理专业。我好不容易踏进了大学的门槛，一心想把成绩提上去，可是，除了物理和数学，其他与阅读和写作有关的课程，不论我怎么努力，成绩都不好。

　　"大三的后半年，博物馆经费减少，我每周 18 小时的工时被砍去了三分之一，我的生活又陷入窘境，不得不搬到当地的蓝领居民区。我的新邻居做的翻新车子的生意，我和他开始合伙做生意。买旧卖新，当时是很赚钱的。"

　　"您真幸运，机遇总跳到您的面前。"我一边说，一边把最后一只大虾切成几段。

　　邢先生一边用叉子搅着红红的意面，一边接着说："三年级快结束的时候，教我量子物理的教授把我找到他的办公室对我说：你的思路很奇怪，考试的时候，那些排在前面的，需要一步一步推理的、比较简单的题，我是送分的，你全做错了。但后面那些很复杂的问题，需要考虑更多因素，你却能答对。你的思路和其他同学不同。这一年来你每次考试都是这样，让我怀疑你可能和我一样有'阅读障碍'这种病。有时间的话，去医院精神科看看。这位教授在固体物理业内德高望重，他的话我一定会听的。

　　"我就去了医院。我记得医生给我做了一系列的心理测试，比如，给我看一些几何形状、数字和其他奇怪的图样，让我辨别和总结都看到了什么。其他一些测试，我记不起来了。测试的结果令大夫感到很奇怪，就又做了脑部核磁共振，最后诊断是我患有'阅读障碍'。"

"大夫的声音好像是从天上飘下来的，我被这个诊断惊得说不出话：天下竟然还有这种病？"

"是的，听着您刚讲的少年往事，对比您的成就，我就怀疑您有'阅读障碍'，通常表现为认知和表达是三维的、立体的，时间这个轴对他们来讲很重要。阅读障碍患者不是不能学习，只是与一般人的学习方法不同。传统的学校教育是二维的，用二维的观念来评判三维的现象，当然是格格不入。但有阅读障碍的人有着非凡的想象力，达·芬奇、牛顿、爱因斯坦、洛克菲勒、丘吉尔都是历史上著名的有阅读障碍的人。我认识一位斯坦福的教授，他就专门研究这个，在一次晚餐上，他侃侃而谈，我当时就当娱乐听了。没想到今儿真碰到一位。"我不由得感慨。

邢先生接着说："仔细想来，我吸收的信息和我发出的信息之间的通道好像是与一般人不同，总和别人反着。别人认为简单的，到我这儿就变得复杂了；别人认为困难的，我却能很容易地解决。我觉得这很可能是我的优势，它让我看问题的角度更广，从而得到更周全的解决方案。我的人生观在那一刻突变，跟了我一辈子的疑惑和挣扎顷刻间烟消云散，甚至有点庆幸我居然有这个病。大学的最后一年，我所有的考试时间都是别人的两倍，我的成绩全是 A。

"本科毕业后，我申请攻读物理学博士学位。因为我的爸爸妈妈常挂在嘴边的一句话就是'这个孽子从哪里来的？'这回我可有勇气来证明给我父母看，我不笨，我可以读博士。谁知读了不到两年，1988 年，我的教授要我和他去加州办公司。他还说上班后，我就可以拿绿卡了。我就跟着他到了加州。我们的公司一年烧光了 1000 万美元，然后就破产了。绿卡也没拿到，学校也回不去了。那段时间经济不景气，工作也不好找，很痛苦。幸亏一位脏友把我介绍到 Supertex 做工程师，这家公司的老板是包玉刚的侄子。

"我现在还经常在高尔夫俱乐部见到他，他从来都是打孤球，也不搭理别人。我常和他打招呼，后来他问我为什么对他这么好，我说因为您当年给我的先生和邢正仁先生办了绿卡呀。他说他已经不记得这两个人了。"卓云说起来好像还有点小兴奋。

"在 Supertex，我的职位是半导体器件工程师，年薪三万五，做我的本行。"

"嗯，这是个专业程度很高的技术活。"卓云评论道，"那年我先生和我讲：公司来了一位上海人，他说他们家原来是资本家，总有一天他要在美国办自己的公司。这口气也忒大了！上海人就是不一样！我当时说，能拿到绿卡就不错了，还开公司？天方夜谭。"

"我在 Supertex 干着干着，就觉得这没有什么嘛，我也可以开公司。我们大陆来美国的这一代中国人，思想观念上和美国人很像，与欧洲人、日本人很不同。我们深受'文革'的影响，天不怕，地不怕，思想上没有框框，什么都敢干。1997年，我和几个朋友开始创办芯源系统（Monolithic Power Systems），主要做电源管理集成芯片。"

"真应了那句话，龙生龙，凤生凤，耗子生来会打洞。您这是几辈子积累下来的运势，无论多么坎坷，注定是人生赢家。"我不由得感叹。

"我对我的祖先了解并不多。这些年我常回国，有时也去老家浙江南浔，当地的老人告诉我，我祖上是读书人，做过小地方官。鸦片战争后，上海开埠，我们家开始做贩丝生意。那时候，外国商船从上海开到南浔，来回航程要两个多星期。我的祖上养了很多信鸽，他们在上海一得到买家的信息，就用鸽子传信到南浔。因为总能抢到市场先机，所以生意发展得很快，当年繁华的十六铺的码头，现在的外滩一带，就是因为邢家的商船常在那里靠岸而形成的。邢家逐渐在上海及周围的城市开了商铺、钱庄、仓库。我有时觉得自己现在做的事，好像是在回应祖先的呼唤！"邢先生大笑起来。

"我们芯源公司上市13年，股价翻了14倍，业界都说您是奇人。我怎么也没想到您有如此曲折的人生经历，而且还是阅读障碍患者，幸亏您没喝酒，否则我一定认为您是酒后的醉话！"一瓶干白被卓云喝得见了底，她的话开始绵了。

"我后来很关注'阅读障碍'。丘吉尔谈到他的坎坷经历时说：'越失败，越有劲！'这简直就是我的座右铭。近来我常想起那些和我一起长大的发小，他们可能也患有阅读障碍症，如果这些孩子能得到及时的诊断和特殊的教育，很有可能长成栋梁之才。现在我觉得有阅读障碍是老祖宗给我的礼物，长期与阅读障碍作斗争让我提高了对失败的忍耐度，因为失败的次数太多了嘛，练就了洞察力，得到了别人想不到的创意和商业解决方案。每当我被一些莫名其妙的想法搅得心神不宁时，我就开着特技飞机冲上云霄，在天上打几个滚，心就平静些了。

　　"至于公司嘛，它应该是一个有生命的、可持续的组织。要想维持上升趋势，就要不断提高员工的薪资，持续地整合资源，给客户提供更有价值的解决方案。这家公司没有我，今后至少五年不会出任何问题。我们现在是卖芯片，但我觉得我们这个行业的芯片工艺已经完全成熟了，市场也饱和了。我们公司有这么多优秀的、顶尖的人才，他们的智慧可以创造一个新的更有价值的市场。不久的将来，我们的客户，只需输入我们的软件，插上我们的产品就可以用。现在我们这一行里还没有人做这样的事，我们公司要开这个头。"

　　"现在半导体是国内的热门话题，您怎么看？"

　　"今后的十五到二十年，中国的半导体工业一定是全世界领先的。中国有那么多的人才，你看看台湾就知道了。现在国内的竞争很厉害，十年前我们开始在成都建厂，那时我们找的员工都是顶尖的、最好的。现在很难，华为这些热门企业，都在和我们抢人才。目前我们在杭州、上海、深圳、北京也都有办公室。"

　　跑堂的推来一个亮晶晶的小平台车，上面摆着几碟甜点，我选了提拉米苏，浓郁的巧克力伴着若有若无的朗姆酒香。邢先生在账单上签字，我们连声道谢。邢先生的车已经等在门外，他提出送我们回家，我指着不远处的车说："我开车来的，只喝了小半杯，放心。"

邢先生帮我把微醺的卓云扶进车。在回家的路上，卓云的嘴就没停："邢先生平时很少讲话，你知道吗？他有些结巴，通常上市公司的季度财报出来，CEO们都要和华尔街的分析师开会，聊一聊。邢先生从来都不参加，说让业绩开口。今天真是奇了，和咱聊了三个多小时。我在公司干了十几年，听他说的话加起来也不如今天多。"

我问卓云："邢先生和咱俩聊的与公司业务无关，又是在餐馆，所以放开了。哎，对了，你们的公司是怎么做起来的？刚才没时间问。"

"1997 年，邢先生看到电脑的背光灯傻大黑粗的，就把他们拆开来，发现背光灯的电源由七八条线和几十个零件组成。邢先生认为这些东西完全可以集成到一颗芯片上，就把这个芯片做出来了。有了产品，公司就成立了。这颗芯片被电脑界的大佬看中了，便成了我们公司的第一个大客户。不久，硅谷另一家做电源的公司凹凸告我们侵犯了他们的专利。明明是我们公司研发出来的产品，因为没有钱，所以没有申请专利。我们的产品推出后，凹凸的首席技术官假装来公司申请工作，面试时他说：你们不可能把这么多器件和线路集成在这么一块芯片上。我们的产品设计师就详细地给他讲解我们的产品，那人听懂了，回去后就申请了专利。后来幸亏我们的客户在法庭上作证，指出我们公司的产品早在凹凸公司申请专利之前就上市了。在美国的法庭，法官的主观因素对案子起决定作用。那位法官相信了我们的客户的证词，判我们胜诉。原告不服，去好几个法院甚至外州告我们，我们花了许多律师费，都央破产了。有人建议我们和解，但邢先生坚信我们的产品是首创的，问心无愧，决心奉陪到底，后来我们全面胜诉。"

"好险啊！"

"可不？从那以后，我们非常注意申请专利。我觉得公司的发展与我们的中国策略有密切关系。十几年前公司刚有规模，邢先生就去上海、杭州、无锡、重庆和成都考察，最后选在成都建厂。因为成都大学培养了大批工科毕业生，还有就是当时的成都市长也是上海人，邢先生很有些老乡情结，算是投缘吧。成都开始只是生产和测试，现在已经扩大到研发和设计，形成了完整的产业链，有1200多名员工，比硅谷总部还多。现在大多数产品都是在成都完成最后包装，发给世界各地的客户，所以邢先生已经被视为'海归'了。芯源系统2005年在纳斯达克上市以来，平均每年业绩增长20%，这两天市值快60亿美元了。"

"你这富婆，下次得去米其林。"

"没问题，这么快就到家了？"卓云解开安全带，打开了车门。

"别忘了你的眼镜。"我把她落下的眼镜盒递给她。

"这是邢先生的，米其林有人买单了。"卓云噘起嘴吹了一下眼镜盒，砰的一声关上了车门。

# 硅谷小镇的晚会

入夜，硅谷核心区帕拉阿图（Palo Alto）的俱乐部灯火通明，乐声不断。镇上的资深居民保罗正在这里给老婆南希举办 60 岁庆生聚会。保罗是镇上的房屋机构工程师，那些漂亮的豪宅大都有他的印记。南希是儿童心理师，他们的女儿和我的大儿子，他们的小儿子和我的二儿子分别是从幼儿园混到高中的同学。这两口子一直是社区的活跃分子，身兼多种球类运动的教练、裁判与童子军领军等身份。

保罗不仅请了自家亲戚，还把 100 多名家长都请上了，这当然少不了他经常玩票的七人乐队。

请柬上保罗写道：在这特殊的时刻，让我们重温 20 世纪 60 年代。

一进大厅，签到处摆着象征 20 世纪 60 年代反战求和平精神的标志：一个紫色的铁圆圈，中间撑着个"小"字，上面拴着一根绳儿。签到后每人都拈一个，戴在脖子上。十几年前，镇上的居民大多是住了几代的本地人。我的一头黑发在大厅里还是颇为耀眼的。主旋律是白发，沟壑纵横的荡满笑容的脸和打褶的脖子，再加上被喇叭裤和紧身衣勒得仿佛套了好几个救生圈的身体，夸张的拥抱和亲吻，配上 *My Sharona*，*I Saw Her Standing There* ① 这些当年流行的歌，真有 20 世纪六七十年代的错觉。

我们这一桌人自从孩子上了初中就很难碰到了，但一坐下来，很快就找不到插话的缝儿了。

"我儿子去年大学毕业了，学历史专业的，一心要当老师，可是又不想花功夫拿教师执照。眼下当中学生课后球类教练和裁判，秋季足球、冬季篮球、春季棒球逮啥玩啥，孩子头当得不亦乐乎，说是要感觉一下是不是喜欢这个行业。"

"你家儿子当年和一帮孩子把我们家后院做栅栏剩下的木板扛到斯坦福湖边，扎个筏子就往湖中央划。没几下筏子就散了，这帮小子全掉到湖里了。警察让咱们去接孩子，我还记得当年你慌的那个小样儿。他快毕业了吧？有啥打算呢？"

"他上大学后修过三个专业，第一年选物理，第二年选数学，第三年选语言学，不知道明年能不能毕业。去年向学生会申请了一些钱，开始请那些赚名气不要钱的玩音乐的人到学校办音乐会，现在越办越勤，几乎每个月就办一场，说是将来要做音乐会。瞧这样子，

---

① 　*My Sharona* 是 The Knack 乐队于 1979 年发表的摇滚歌曲。1980 年，香港歌手谭咏麟发表个人第二张粤语专辑，著名作词人黄霑将其改编为中文版的《爱到你发狂》。此歌也曾在 1994 年上映的电影《四个毕业生》中作为插曲出现过。*I Saw Her Standing There* 是英国甲壳虫乐队（Beatles）1963 年作品，收录于乐队首张专辑 *Please Please Me* 中。

恐怕明年毕不了业。"

"没辍学就不错了。我儿子去年从卡内基梅隆退学了，好不容易考上计算机系，说不上就不上了。每天一个人躲在屋里，仿佛家里没他这个人。前几天家里突然来了三个人，一问，这小子用电脑模拟两个物体碰触前的状态，计算碰撞的时间和强烈程度，进而避免和控制碰撞。他发到网上，引起了自动驾驶公司的关注。这几个人来谈合作。他爸说这套软件用了最先进的机器学习算法，合作这件事儿得找律师。"

"有本事就不用上学了。我儿子快本科毕业了，他是学机械的，说工作不好找，想读个硕士学位。"

"我看不是学位问题，是专业。现在所有工资高的工作都给了计算机专业的毕业生。"

"孩子也意识到了，当初他不听，非要学机械，以往这也是很硬的文凭。这世道变得太快了。不知道本科机械再申请计算机专业的硕士会不会很难？"

"丽莎的爸爸就是斯坦福的，快给说说。"

"要是申请斯坦福的计算机硕士有一定难度。但可以绕一下，还申请机械系的硕士，录取相对容易。斯坦福允许硕士生入学后选修计算机系的学分。找工作时，有足够的计算机专业学分，夏季再打一份相关的工，就成雇主争抢的目标了。应该是一笔不错的投资。"说这话的是斯坦福的讲师，不是教授。

"研究生申请很难吗？"

讲师说："申请研究生和申请大学完全是两码事。大学申请，你要在那篇文章中展现你的人格。研究生申请，你需要展现你的研究能力。申请人已经明确自己的研究方向，上学校的网站找到对口的教授，通读教授发表的论文，最好能和教授通信讨论他的论文，让教授对你有印象，这对你的录取很有分量。因为研究生录取很大程度上取决于教授，谁都愿意和已经熟悉的人共事。如果有机会拜访教授，就更好了。"

饭桌上顿时一片嗡嗡嗡。

"多谢大家前来捧场！"又热又软的手搭在我肩上，保罗和南希还有儿子格里端着酒杯来到我们这一桌。

我站起来回敬他们："祝贺格里建筑工程管理专业毕业，你家后继有人了。"

"我才不去我爸的公司呢。我已经在洛杉矶的一家建筑公司找到工作了。"

"对，这么年轻，先祸害祸害别人再回来帮老爹。洛杉矶的海滩，好莱坞的漂亮女孩早把格里的魂勾跑了。"保罗笑得酒都洒出来了，南希赶紧帮他擦。我以为眼花了，她居然还用手绢。

他们俩腻着走向下一桌。南希又矮又胖，保罗又高又瘦，我望着他俩的背影，拿起餐刀在奶油球上刮了一下，抹在面包上，光闻闻就香得不行。

# 硅谷爸妈的一场争论

还有一个星期，女儿就要高中毕业了。她问我是否可以请她的同学周末在家里办个午餐派对。当然可以了，我和她爸爸全力以赴。我心中暗喜，常看她躲在屋里在网上聊天，鬼鬼祟祟地，一见我就顿住，眼光逼着我离开，然后再开聊。这回我可逮着机会了，检阅一下女儿的朋友们。我和先生线上线下忙了好几天。

周六中午，待我冷水喷到插花上，先生调整好遮阳伞的角度，女儿第一个同学就现身啦。是个又高又瘦又帅的印度裔男孩。为了他，女儿特地嘱咐我要准备素食和萨摩萨（Samosa），一种著名的印度食品，就是油炸的土豆咖喱馅包子。之后陆陆续续来了20多个孩子，都是女儿的同级同学。他们在院子里，吃喝笑闹叫。隔壁一向安静的老狗开始狂吠，我家的老猫，拖着一条瘸腿，箭一般射回屋里。

几位妈妈看到请柬上的"欢迎父母"也如约而至。在得到孩子们容许后，妈妈们拍了几张合影，然后识趣地走进屋里，围坐在屋内的餐桌旁，话题自然离不开孩子们。

A妈妈是商用软件公司的资深工程师，B妈妈在网络设备公司做部门经理，C妈妈在半导体设备公司做公司规划，妈妈们是硅谷精英，她们的儿女全都爬上了常春藤。多美的事儿啊。先生说该有香槟。我和他一起到楼下酒窖里挑了一支最新的法国香槟，我俩兴冲冲地上来时，却觉得气氛不对了，而且越听越沉重，一肚子的喜兴话愣没找到出口。

A妈妈："四年读下来可不是容易事儿，这些大学近四年毕业率都很低，而且将来回来找工作更难。十几年前，华人在这里的高科技公司干得真好，好几个华人创办的公司都上市或被大公司收购了，许多公司的高层都有华裔的面孔。斯坦福和伯克利工学院的课堂里，黑头发黄皮肤的学生占绝大多数。现在可好，公司的高管一水儿的印度裔，茶水间再也没有以往的微波炉热中国饭的香味了，全是咖喱味的了。大学教室里黑头发更多了，只是黄皮肤的少了。硅谷已经'变色'了。"

B妈妈："我眼瞅着和我一起进入公司的印裔，十年来，一层层，噌噌噌，当上了副总裁。从当上经理的那天起，凡是他面试过的印裔都录用了，如今我们公司员工一大半都是印裔。公司各个阶层的头儿都有印裔，招工时他们不看求职者的专业水平高低，只要是印裔就行。'举贤不避亲'耍得溜溜的。我见识过几个印裔同事，他们自己不干活或者很少干活，老在同事间晃，这儿问问，那儿听听。开会时嘴就像马桶拉了把儿，张三李四王二麻子，谁的活儿他都掐上，还穿插着评论，刹都刹不住，一副掌控全局的做派。我眼瞅着他们就这样后来居上，变成我的老板，接着成了我老板的老板。像咱做软件的，每天要处理成千上亿的编码，有时候，知道一两条关键的指令，可以节省很多时间。现在我周围几乎都是印裔，问谁呀？"

C妈妈："我前不久在街上遇到我的邻居，一个印裔老头儿，带着三个老太太遛弯。老头儿挺爱搭话的，他捋着白胡子，得意地笑着：我的三个儿媳妇都快要生了，这不，三个亲家母都来帮忙了。这老头儿把自己和三个儿子的积蓄搁在一起用现金买到这个房子，四家挤在同一屋檐下。眼瞅着人口就要翻倍，老头不慌不忙，说是大儿子的房钱攒够了，正在踅摸新家，当然是现金买房，大儿子不用还房贷，但要每月给二儿子的买房基金供款。老头说：不出三年，我的儿子们都可以在硅谷买房，我的这间将来卖了给孙子们上私校用。老家的婆罗门阶层的都不如我们家在硅谷活得自在，我的儿子们在这里给我的家族挣来了尊严。他小儿子结婚时，我去了婚礼，所有的宾客都穿着印度民族服装，鲜艳夺目。一大块艳俗的布，往身上一裹，瘦的显苗条，胖的显飘逸。音乐节奏感特强，男女老少都跳，我也不由自主地跟着抖。"

A妈妈："我觉得印度人很会拉关系，前不久我的印裔同事们凑份子给我们的白人总监买礼物，他刚当上爹。我怎么就不知道这事儿呢？那种落单的感觉很不好受。平时要是敛个捐款啥的，印裔个个不落，二十刀是底线。他们隔长不短地会弄个不着调儿的理由，然后凑一堆人爬梯。"

B 妈妈："有一次公司组织员工去山里搞什么团队建设，有一项是爬梯子，两个人一组，看哪组能爬到顶。头四阶还好说，但第五阶很高，大部分人都到不了第五阶，只有一对最后登顶。他俩爬到第四阶后，印裔让队友踩着自己的肩膀爬上了第五阶，那队友上去后，一手抓牢梯子，另一只手伸下来，把印裔拉了上去。大家都为他俩欢呼。"

C 妈妈："我觉得印裔对成功的渴望比我们强烈得多。印度整体比中国落后，印裔来到美国抱着背水一战的信念。而强大的处于上升期的中国，有资金有市场，对华人很有吸引力。20 世纪 90 年代就成功的那些华人领袖全回国了。硅谷印裔有个强大的非营利组织——印裔企业家协会①，由几位发财的印裔投资办的，据说还有印度政府的支持。他们有固定的办公人员、地点、大型会议室，几乎每天都组织讲座和交流活动。印裔帮自己的年轻人，真是不遗余力。是的，招工时他们只认人，不论技能。但招进来以后，他们真尽全力传帮带。这些新人都不笨。我亲眼看到印裔高管手把手地、一行一行地讲解代码，布置相应的工作，一层层地加码，我发现他们的电邮往来常常是在深夜。一个季度下来，这孩子就能独立工作了。"

一位爸爸加入了讨论："现在的工作，都要靠和同事协调，讲团队作战。印度的阶层系统，在这里反而成了优势。群象有首，大家都服，容易抱团。爱因斯坦以后，谁还能叫出著名科学家的名字

① 印裔企业家协会：The Indus Entrepreneurs，简称 TIE，1992 年成立。

吗？诺贝尔如今都不能一人包圆儿了。现在，硅谷华人高管越来越少，还分成台湾、大陆，谁也不服谁，形不成气候。刚有点苗头就回国发展，把这世界上最宜居和最有创造力的地方拱手相让。而印裔，他们已在硅谷形成了良性循环：印裔创业，印裔投资，再由大公司的印裔高管收购，然后再创业。印裔一代强过一代，人越来越多。再过几年，这儿就真的成印度了，谁再说哥伦布老哥当年到的不是印度，我就跟谁急。"

另一位爸爸说："当年我的第一份工作是在大公司做工程师。我每次汇报工作，我老板都说我的 PPT 数据不错，但格式不对。我觉得活都干完了，格式有什么意义。现在我在好几家公司做董事，我才明白了，越是高层越不需要看技术数据，而是要看你的数据对公司业绩的影响。要想做高管，不能只管自己桌子上那摊事，要眼观六路，耳听八方，站在高管的立场想问题。我年轻时在几家公司担任了几年总监职务，我想上一个台阶，做副总裁，面试了几次都不成功。我的一个做猎头的朋友帮我分析：你的做派、谈吐、用词，明摆着就是总监级的，副总裁级别的常挂在嘴边的词儿你都喷不出来，人家怎么可能用你呢？这些都是几十年攒下的经验呀，有机会，我会把 PPT 的格式和'词儿'告诉咱的年轻人。"

C 妈妈："中印两国人民都是修炼了几千年的人精儿，两国都有佛的信徒，如今又都在别人的屋檐下搅饭勺，同样都面临着挑战。好些差别不是'族裔'可以盖的，印裔的套路用在咱身上也不见得就对路子。看到的取决于怎么做到的。百年前老祖宗建立会馆，帮助一代又一代的同胞在湾区立住了脚。咱们现在条件比那时好多了。我就不信了，赶明儿忽悠咱那些同族的领袖们，集中资源，咱也组个 CEO（Chinese Entrepreneur Organization），建个大厦。"

院子里，孩子们开始道别。毕业季，大家都很忙。家长们开始帮我收拾厨房。烤羊排、油焖虾、烧卖、意大利面、朝鲜小菜都剩下了。我拿出平时积攒的塑料盒子，让大家打包。

不知谁嘟囔了一句："咦，萨摩萨全没了！"

所有的人都愣住了。

# 加州副州长谋转正

闺密小云好久没要我陪她遛狗了。今天上门空着手,我问她:"狗呢?"

"现在顾不上了,"她脖子一梗,"咱从政了!我是认真的。记得李思思吗?她在旧金山贸促会工作。她邀我去参加为现任加州副州长纽森办的竞选捐款午餐会,纽森当旧金山市长的时候她在市政府工作。我进门一看,90%以上是亚裔,不少熟人。纽森穿着浅灰色西装,没打领带,身材挺拔瘦溜,比电视上帅多了。

"纽森说,当下我们需要更多的点子,更强有力的执行力去创造贸易机会和推动贸易发展。现在因为华盛顿的贸易政策大家都很焦虑。加州的贸易一直得到联邦政府的大力支持,但是现在形势不同了,因此我们更要国际合作。举个例子,当特朗普宣布撤出《巴黎环保条约》①时,我们的布朗州长立刻改变原定行程飞到北京拜见

① 《巴黎环保条约》,通称《巴黎协定》,是由全球195个国家于2015年12月12日举行的联合国气候峰会中通过的气候协议,旨在通过减少燃烧化石燃料产生的二氧化碳和其他排放物来限制全球变暖。2017年6月2日,美国总统特朗普宣布退出这一全球性的气候协议。

习近平主席。他对习主席说，撤出《巴黎协定》是美国领导人的决定而不是美国人民的决定。联邦政府撤出，恰好给我们加州提供了机会，我们不仅要在加州发展低碳工业，更要在国际间进行协调，共谋发展。

"纽森说，我们要大力推动贸易和文化交流，这方面我们不需要任何人赐给我们许可证，我们地处优越的地理位置，有文化传统。当然我们也不会忘记，1882年的排华法案就是在这里发起的。当年的丹尼斯·科尼①就是现在的特朗普的化身，他竭尽所能叫嚣'中国人必须离开'，这是我们历史上的一个耻辱。当下，27%的加州人是在外国出生的。这表明加州的人口组成是多么的多样化。对此我不是消极地接受，而是积极地欢迎。我们不断从错误中吸取教训，我为加州的人口多样化而自豪。我们和中国的关系源远流长。我们有世界上最大和最古老的唐人街，我们的旧金山市作为美国的主要大城市，早在20世纪80年代就和上海市结成姐妹城市。如果我当选，作为州长我将进一步推动全加州和中国的经贸往来。现在我们已经在北京和上海设立了经贸推广办事处，我们有很多机会，我们可以做得更好。

"纽森继续慷慨激昂：最后再容我说几句，我有幸当过两任旧金山市长、两届加州副州长。我是民主党员，我认为我党对经济发

---

①　丹尼斯·科尼（Denis Kearney），1877年成立加州劳工党，公开对华人进行种族主义攻击。在"中国佬滚回去"（The Chinese Must Go）的口号下，加州劳工党推动美国国会于1882年通过《排华法案》。

展和增加就业做得还很不够，我们党内有些人就是见不得别人的比他好，总想把别人拉下来。我可不是这样的人，我追求成长、包容和企业家精神，赞赏那些比我做得更好的人。我在硅谷的一所大学硕士毕业后就在旧金山开了一家小小的葡萄酒商店。我自己就是个企业家，创办了 23 家企业，大部分是酒店、餐馆、酒庄、零售商店，分布在加州许多地方。我有 800 名左右的雇员。我们现在进入了一个剧变的时代，企业家精神尤为重要：活在当下，发现问题，进而解决问题，而不是掩盖和推诿，这是我区别于其他候选人的重要标志。如果你和你的朋友、家人讨论明年的州长大选，别忘了帮我突出这一点哦。

　　"互动通常是演讲的重头戏。我问他加州高铁还有戏吗。纽森说，我去北京和上海，专门安排乘坐高铁，那种体验和复杂的心情是很难描述的。当今世界上有 99 个高铁项目在运营，美国是 0。这是一项成熟的技术，已经有半个世纪的历史了。我们美国却连一个也没有，这是不可以接受的。当年加州设立这个项目时，我是筹委会联合主席，那时的预算是 330 亿美元。联邦政府、州政府和私人企业各出三分之一。现在上升到 640 亿美元。我们没有能力建一条真正的加州高铁，我们会利用南部和北部现有的设施，并缩短线路。目前联邦政府只给了 35 亿美元，州政府筹到 100 亿美元，私人和企业方面一分钱都没到账。建成完整的加州高铁，没有私人和企业的投资是不可能的。我的立场是加州要有高铁，哪怕只有第一期，虽然缺少 200 多亿美元的预算，我会想办法的。以前我们预测高铁每年会有5500万乘客，现在降低到近2000万，这意味着从赢利10亿美元转为亏损，需要政府补贴。有这等数字，也怪不得私人企业不投资。还有另外一个挑战，这就是从现在起六个月到六年之间，交通技术会有爆炸性变化，超级管道、自动驾驶等更增加了高铁的不确定性。"

"这纽森颜值高，口才好，又正当年，做一两届州长后肯定能当美国总统。我也打算为他办个午餐竞选派对。如果能筹25000美元的政治捐款，他本人就会来演讲。你朋友多，帮帮我吧！"

凑一百个二百五可不是一件容易的事，我正琢磨怎么接她的话茬，我家老猫悄无声息地走过来。

"你看他吐着粉红色的小舌头，真会耍萌！"小云被猫转移了注意力。

# 百人会

"百"在汉语里不只是定数，大多场合下它是个变量：百里挑
一、海纳百川、百年好合、流芳百世……它通常代表着很多的美好。
1990年，中美关系陷入低谷时，以贝聿铭为首的美国华裔名流成立
了一个机构，取名"百人会"，其主旨是促进中美关系。百人会每
年5月在东西两岸的大城市召开年会，2018年的会址是硅谷君悦酒
店。

1979年中美建交以来，两国关系经历了风风雨雨。随着特朗普
总统的执政，中美关系开始"油腻"了。在美华裔，从贩夫走卒到
各界精英无不感到了丝丝的寒意。今年的百人会特邀嘉宾是前任驻
华大使骆家辉，和他的继任者马克斯·博卡斯。

曾经担任过美国商务部长的骆家辉的发言以贸易为主题。他说：

"特朗普总统在中美关系上有很多自相矛盾的地方，现在是中
美关系非常困难的时期。现在中美贸易额每天都有15亿美元之多。
中国是美国第三大的出口地，而且经济一直迅速增长。美国是中国
的最大贸易出口。美国有90万个工作，而中国也有270万个工作，

直接与中美贸易有关。我们必须避免贸易战。

　　"特朗普总统或许只专注于贸易赤字，但是美国的其他专家，更注重美国的科技实力的削弱和中国在这方面的投资和努力。他们担心中国在这方面的进步会使得中国不再依靠其他国家。现在，人们认为人工智能如同电力是现代化的基础设施。中国在这方面的进步，使得它成为美国的强有力的竞争对手。

　　"当前，美国政府在教育和科研方面的预算，只是20年前冷战时期的三分之一。中国的自然科学学科的大学毕业生人数是美国的8倍。美国要想在竞争中胜出，必须提高教育和科研的投入。

　　"美国向来把公平挂在嘴边，一个国家压制另一国的发展，这能称作公平吗？"

　　"当然不是。"我循声回头一看，说这话的人银发方脸，蓝眼鹰鼻，笑起来满脸皱纹，正是博卡斯。正赶上茶歇时间，我走出会场，看到博卡斯正和硅谷飞塔公司的CEO谢青热聊。这两个风云人物的谈话一定很有意思，我端着一杯咖啡，凑了过去，谢青把我介绍给博卡斯。

　　"大使先生，荣幸见到您。"虽然他已经卸任，但毕竟曾经是一个国家的象征，他的握手热情有力。

　　"尽管我已经不是大使了，可你这么称呼我，我还是很喜欢。谢谢你。担任美国驻华大使是我一生中最荣耀的时光，我走遍了中国的所有省份，我喜欢中国人民，他们改善生活的愿望强烈，勤奋，乐观，实干。"博卡斯中西部的口音非常有感染力。

"特朗普总统与以往的历届总统都不一样，他心无长性，但有两件事，他始终耿耿于怀：一是与中国的贸易逆差，对此，他满脑子只有 2000 亿这个数字，他并不明白这个数字的内涵，而且看样子他也不想明白。中美两国的贸易，已经不是数字可以解释的了。二是朝鲜的核武器，我不得不说，在这件事上他或许很走运。"博卡斯两手一摊。

"中国和美国两个大国各有自己的发展动力，贸易不是关键因素。我很赞同历史学家汤姆·肯尼迪的观点：从古埃及、希腊、罗马、英国，到美国，超级大国不会被外部势力摧毁，致命的往往是内斗。"谢青说。

"您退休了吗？"我问。

"我不再担任公职了，我现在向中国人民推销蒙大拿州旅游观光，目前看来卓有成效。我还开了一家顾问公司，业务是促进中美交流，但目前没有很多客户，拿得出手的只有一家小公司，它的总部在杭州，名为阿里巴巴。"他得意地大笑起来，"我一直在琢磨怎么能把我做的这些事变现，我正在蒙大拿州盖房，钱紧啊。"

看他那样子，不像是开玩笑。

博卡斯接着说："长期以来，美国认为通过合作交流，经过一段时间，中国也会成为美国的伙伴。但当下美国觉得中国和美国，现在不一样，将来永远也不一样。我认为，国家虽然不同，但中国人和美国人有很多共同点，都关心自己的财产，自己的孩子的未来，关心良好的生活环境。我们生活在同一个地球上，中美对话和交流，妥协与合作是必要的。今后几年中美关系会遇到很多困难，我责无旁贷，更要靠像你这样的人。"博卡斯踮起脚尖，拍了拍谢青的肩膀。

谢青是硅谷传奇的企业家。他创办的两家网络安全公司，第一家在纳斯达克上市后，被另一家公司高价收购。第二家在 2009 年上市后，业绩直线上升，如今高到谁也买不起的地步了。

晚宴上，谢青获颁"中美交流特殊贡献奖"。当他弯腰从清华大学副校长杨斌手里接过奖杯时，一脸的不好意思，和 30 年前从清华校长手里接过毕业证书时表情一模一样。

# 练就一颗感恩的心

圣诞假期下午，我一个人在游泳池畔的水吧，无聊地摆弄手中的马提尼酒杯。一个白胡子老头像鱼一样无声息地游过来，相视一笑，嘴就闲不下来了。老头一听我是斯坦福的，就说他是耶鲁的心理学教授。我立马明白老头的意思了，如果我能真心请教，新续的酒一定不用走我的账。

我把一只落到水里的甲壳虫捞起来，弹到岸上后，轻声问他："幸福从哪里来？"

老头清了清喉咙说："通常人们认为，如果你幸福你就会感恩。真是这样吗？现实生活中，大家认为富人是很幸福的。是的，富人拥有很多东西，但是通常他们还想要更多。不仅是物质的，永远在追求，心中没有给幸福留空。大家认为穷人是不幸的。但是很多的时候穷人的幸福感却比富人强。为什么呢？因为这些穷人的问题大多是具体的，一旦解决，就有感恩之心。幸福不一定使人感恩，而感恩一定使人幸福。"

我追问："那么，感恩是哪里来的呢？"

他说："你有没有过这样的体验？你没有付出，也没有争取，却得到一份非常有价值的令你惊喜的礼物。这时感恩就油然而生，接着幸福感膨胀。比如时间就是这样一份礼物，你不用劳作不用争取，只要你活着，就会收到。"

我问："怎样怀有一颗感恩的心呢？"

他说："通过愿望和体验。人世间还有比时间更珍贵的礼物吗？把每一分钟都用来体会你收到珍贵礼物时的惊喜心情。久而久之，感恩的心就常驻你的身体。"

我问："如果每时每刻都有一颗感恩的心，那岂不是对什么事都要感恩吗？难道我们对战争和罪恶也感恩吗？"

他说："每时每刻都怀有感恩之心并不意味着对每件事都感恩。有些事，比如说罪恶，你经历其中，会痛苦，但是你战胜它，你会为你的胜利和成长而感恩。礼物随着时间推移不断涌现，只要你不停地感恩，你的礼物就不会枯竭。"

我又问："有什么方法使我每时每刻都怀着感恩的心呢？"

他笑了笑反问我："你怎么过马路呢？"

我说："这很简单呀，我先停下来，左右看看，确定没有车，我就过。"

他说："这就对了，你首先要停下来。现代生活快速忙碌，如果你能将人生分成几段，在每个路段都竖起一个'停'的牌子。每走到一个'停'的牌子前都停下来，认真地看一看，你有可能收到更加惊喜的礼物。接受它,享受它,感谢它,继续走向下一个目标。'停看走'就是这么简单。如果你感恩,你就有富足感,愿意分享,不吝啬,不恐慌,暴力就与你无缘,你会尊重与你不同的人。如果人人都怀有一颗感恩之心,虽然物质尚不得人人平等,但是人人都享受平等的尊重,地球将是全人类的乐园。"

老头越说越激动,声音越来越大,银色的头发眉毛一起颤抖。我这才发现,周围聚了一圈人,一个年轻人递给老头一个刚切开的插着粉色太阳伞和蓝色吸管的青椰子,我乘机一个猛子扎出了游泳池。

# 子猫Cosimo的故事

一大早儿，闺密在电话那头泣不成声。我问她咋啦，她说"看我的微信吧"，就收了线。

我急忙打开，她家的猫去世了，她居然写了一首诗：

爱猫仙逝暖冬天，心如刀绞泪如泉。

捕鼠除害百余只，陪娃伴君十四年。

四方来客皆吻礼，八面玲珑惹人怜。

羽化天堂当安眠，期盼来世再续缘。

接下来是她女儿写给那猫的信：

亲爱的 Cosimo，

我知道你对人类的语言理解有限，你只懂"该吃饭了""不行""下去""你要出去吗？"当然，还有你的名字"Cosimo，可喜猫"，可我还是有话要对你说。

当我5岁时，爸爸把你抱回家，大哥受到美第奇家族的启发，给你起名Cosimo。我和哥哥们在很多事情上都有不同意见，但我们对你的爱是一样的，你是我们共同的小弟弟。

吃奶瓶，要抱抱，除了没有穿尿布，你长大的过程和我们一样，咱们拥有共同的爸爸妈妈，生活在同一屋檐下。晚餐时，每当餐桌旁有一个椅子空下来，你就跳上去，餐桌旁多了个毛茸茸的小脑袋，你摇头晃脑地看着每一个餐桌上的人，一副憨憨的馋相儿。你喜欢和我们一样懒懒地堆在沙发上看电视，看闷了，你就站到电视机前霸屏。我做作业，你总是趴在书桌上看着我。高二快结束的一个晚上，你在我的电脑键盘上优雅地走了个来回，我那好不容易打出来的文章，就灰飞烟灭了。我被你气哭了，你躲在屋角注视着我，大眼睛发出幽幽的光。从此你再也没碰过我的电脑。傍晚时分，爸爸妈妈常去散步，你总是陪伴着他们，前后不出二十步远。邻居们遛狗，咱家遛猫。有一次我们正停下脚步欣赏邻居的花园，你突然一个飞跃跳到了不远处的一个老太太的肩上，她大惊，手中的铁丝笼子被抛到空中。我一看，笼子里面装着一只黑白相间的大老鼠。我们赶紧拾起笼子，给老太太赔不是。老太太一边安慰惊魂未定的大老鼠，一边咒骂你，你早就溜之大吉了，任她口水滔天。

三个月前，你的下颚生了恶性肿瘤。生命的最后几个月，你常常吐出半个粉红的舌头，看上去像是在笑。所有见过你的人，都说你是一只可爱又可笑的猫。只有我知道你是不忍心看着我们为你难过而强颜欢笑。是的，你始终是咱家最讨喜的一员。

你不是猫，你既是我的小弟弟，又是我的洋娃娃。我喜欢抱你，喂你，打扮你，逗你玩儿。你却一次又一次地向我证明你是一只猫，一只有担当的猫。我们搬到新家后的第一周，每天早晨，你都把三只死老鼠整齐地排列在客厅的地毯上。邻居的大白猫总来咱家后院挑战，你沉着应战，虽屡战屡败，却矢志不改。有一次，妈妈从你的嘴里抢出一只蜂鸟，眼看着蜂鸟飞走了，你委屈得连眼睛带胡子都耷拉下来了。

当我还是一个讨厌的小孩子时，我给你做了许多纸衣服套在你的身上，谢谢你的容忍。当我长大的时候，感谢你让我成为你的大姐姐。我在你身上看到了爸爸的知性，妈妈的感性，大哥的自信，二哥的聪明。千般爱，万般情，牵不住你迈向天堂的脚步，那里既没有痛苦也没有大白猫。我们全家的欢乐跟随着你，请你不要浪费了，在天堂继续做一只快乐的猫。你是不可替代的，我们会永远爱你。明年的此时，我会给你买你最爱吃的喵仙包儿。

深情地爱着你的姐姐

下午，我带着刚出炉的蛋糕，去看望闺密。往日去她家，一进门 Cosimo 就迎上来，闻我的裤脚，像狗一样。这次，一进门，墙上挂着闺密的全家福，Cosimo 立着趴在闺密的胸前，脑袋转向镜头，像孩子一样。

闺密的双眼像桃子一样，我把蛋糕切成小块，闺密摆上茶器。

"都说养个宠物是父母对孩子的爱的最高境界，我们的爱有孩子承接，孩子的爱也要有个活生生的实实在在的对象啊。哪个孩子生病了，不高兴了，我们的安慰不如 Cosimo 和孩子腻一会儿。现在孩子们都离家了，Cosimo 承担了我和老伴儿所有的爱和唠叨。孩子们打电话每次都要提到 Cosimo，嘱咐他'孝敬'爸爸妈妈。他成了我们和孩子们的纽带。我俩坚定地认为：小四儿是我们永远长不大的，永远不离家的孩子。有他在，我们的巢就不空。Cosimo 是一个有生命，会移动的雕塑，桌子、沙发、窗台，摆哪儿哪儿美。他才 14 岁呀。怎么就走了呢？我哪点儿对不起他呢？"闺密说着，眼泪流了下来。

我把纸巾盒递给她。

"再养一只猫吧"，她老伴提议。

"你怎么可以这样？ Cosimo 听见了多伤心呀。"闺密有些不高兴。

"不养不养，话说回来，再养一只，70 多岁上撇下咱他走了，说不定连我这老命也捎上了。"她老伴儿说。

天黑了，闺密送我走出她家的大门，一只白猫像箭一般从不远处呼地穿过。

闺密说："往日它总来找 Cosimo 打架。现在这儿全归它了。"

# 硅谷的延伸

我经常在斯坦福大学接待来自中国的朋友。他们最常问的几个问题是：硅谷是怎么形成的？硅谷会永远引领新技术吗？硅谷在中国会成功吗？斯坦福的教授和硅谷的企业家们给出的答案五花八门。

最近看到一本新书《奇才扎堆》，书中的一些观点给我留下了深刻的印象：纵观人类历史，总有那么一些特殊的时代、特殊的地方，比如古希腊、13世纪的中国杭州、文艺复兴时期的佛罗伦萨和当今的硅谷，那里聚集着一群特殊的人———奇才，他们造就了一个引领时代的独特区域。是什么因素造成这种奇才扎堆的现象？天气，地理位置，政治环境？都不是，最靠谱的答案是区域里独特的文化氛围。那么什么是文化呢？这正是它的神秘所在，就如同生活在水里的鱼，鱼离开水就活不成。这水就是文化，说不清，道不明，但缺了就不行。亚里士多德和柏拉图，有广场，有听众，有追随他们的学生。南宋时期的杭州，人民富足知礼，有文化修养很高乃至欣赏艺术的皇帝和民众。文艺复兴时期，有米开朗基罗、达·芬奇，有美第奇家族[①]和教皇。硅谷有惠普、扎克伯格、乔布斯，还有众多豪情满怀、慧眼识珠、目光长远的风险投资家。"我只投那种10年内不赚钱的项目"这种气概，使天方夜谭、海市蜃楼变成了硅谷的厂房。成千上万的斯坦福大学生，还有好奇和包容的民众和市场，他们肯为新玩意花钱捧场。

硅谷的咖啡馆，免费上网，三步一岗，五步一哨。走进咖啡馆，暖暖的，香香的。满屋子的人，嗡嗡嗡的声音，让你觉得非得找个人聊一会儿不行，聊着聊着就出彩了。如果碰巧旁边坐个风投大咖，当你出门的时候公司的董事会就成立了。少则半年，多则一载，公司挂了，没什么可抱怨的，到酒吧里去。微醺的状态下，什么奇迹都可能发生。晃出酒吧时，又一家公司成立了。风投们对那些有过失败经历而且继续求败的创业者会刮目相看。

实际上，很多创造发明，并不原产于硅谷，但是只有在硅谷才能茁壮成长。几十年来，半导体、互联网、生物医药的发展成就了硅谷。但是当人工智能和机器学习这一波新的浪潮来临时，硅谷人有了与以往不同的感觉。因为当下，中国凭借着无与伦比的巨大的信息体量和完整的高科技产业链，站在了浪尖上。最近，凡是到过深圳的硅谷人，都有一丝"反认他乡作故乡"的惆怅。没人怀疑，"硅谷"已经延伸到了太平洋的彼岸。

---

[①] "美第奇家族"（Medici Family），是佛罗伦萨13至17世纪时期在欧洲拥有强大势力的名门望族。

# 让大象飞

腊八节，没有黄糯米和桂圆，我用玉米碎粒儿、葡萄干代替熬腊八粥。水开了，我把火调到最小，走进书房，继续读《从零到一》。作者彼得·蒂儿（Peter Thiel）去年就送给我这本书，还签了名。因为是英文，我一直懒得看。特朗普成了总统后，我觉得我有义务通读他在硅谷几乎是唯一的支持者的著作。还有最后两页就看完时烟雾警报器响了，先生先我一步冲入厨房，把冒着烟儿的粥锅端到屋外。

"瞧你迷的，看啥呢？"先生问我。

我把书在他眼前晃了一下。

"你对这类书感兴趣啊？推荐我的朋友史蒂文·霍夫曼刚完成的一部著作，中文的哦。"他把一摞 A4 纸放在了餐桌上，首页画着一头飞起来的大象，书名是《让大象飞》。

我一看就乐了，最近流传着一句话：站在风口上，猪都可以飞起来。这作者嘴够壮的，我倒要看看他是怎么把大象吹起来的。

一口气读完，我拉着先生和他唠叨书中有趣的和不可思议的细节，还有一些与我的常识和经验相左的观点。比如说，作者认为：

很多时候，强调技术创新，反而累及公司的成功。

先生说："你有这么多感想，应该和作者聊聊。"

次日，我登上了火车，来到就在离旧金山火车站步行五分钟的一座大楼的史蒂文·霍夫曼的公司"创始人空间站"（Founders Space）。

推开厚重的玻璃门，史蒂文正在激情四射地演讲："每个创业者都应该想想，是先做一把漂亮的钥匙再去找宝藏箱呢，还是找到宝藏箱以后再配钥匙。"

听众看上去都是二十来岁的年轻人，他们不停地提问。半小时后，史蒂文结束了演讲，带着我巡视他的"王国"。"空间站"上下三层楼，有会议室、咖啡厅，中间的大厅里摆满了办公桌。两边的办公室，贴着许多从没听说过的公司的牌子。

原来这里是个创业孵化器。史蒂文说："我做这一行已经五年多了。"

"近来人们都说，硅谷已经蔓延到旧金山市区了。莫不是因为你？"我问。

史蒂文哈哈大笑起来，"希望更多的人有你这样的高见。"

我问："今天的听众都是哪里来的？"

史蒂文说："硅谷、南非、中国、韩国，还有从东欧来的，他们每位都有一些有意思的新产品。"他顺手拦住一个戴眼镜的年轻人，"他是小陈，来自台湾，他发明了一种裸眼 3D 安卓手机套。"

小陈掏出他的手机，外面包着一个常见的皮革做的套，不同的是，挨着手机屏幕的一面是透明的。小陈像翻书一样翻开透明的这面，在手机屏幕上点了一个 App，出现了一个小猫的动画。他把这透明的一面合上，小猫动画变成了 3D 影像。这是我第一次目睹真正的裸眼 3D。

史蒂文转身请一位南非青年讲讲他的产品。小伙子名叫卡里，他的产品是一套应用软件。他说，"举个例子，很多大公司，特别是矿业公司，操作安全的培训是这些公司的命脉，每年花费巨资却收效甚微。用我们这套系统，工人完成安全规则阅读，会得到一块钱的奖励；回答问题正确，再得一块钱。有些行业要求更高，比如说要求工人演示操作，并录像上传，如果他的操作无误，会得到更多的奖励。每天这样重复，安全生产就有保障了。对用户来说，既有效又省钱。我们在非洲已经发展了几个用户，中国山西的一家公司也开始和我们讨论合作了。中国是制造大国，我们的业务在那里会得到很好的发展。当然，我们的领域不只限于安全生产培训。顺便问一下，你能帮我联系中国的公司吗？"

史蒂文说："你看，小陈有了钥匙，卡里摸到了宝藏箱。下半年我告诉你他们俩谁会拥有宝藏。"

从"创始人空间站"走出来，火车从我们面前呼啸而过，我说："四百年前，沉重的铁块儿开始奔驰。"

霍夫曼摇了摇手中的书："而今，沉重的大象要起飞了！"

　　我说："我的孩子们上小学时，我带他们去迪士尼乐园，小飞象当博是他们的最爱，孩子们挤在那个转着转着就升起来的大象肚子里，既紧张又兴奋。"

　　"大象的大耳朵是翅膀。"他说。

　　在返回硅谷的火车上，我又翻开这本书的初稿，读着读着，我觉得我和大象一起飞了起来。

# 硅谷连着好莱坞

没生在张爱玲的时代，也没有她的才气，但我和张爱玲一样，都有个叫"苏青"的闺密。张爱玲笔下的苏青"本心是忠厚的，她愿意有所依阿，只要有个千年不散的筵席，叫她像《红楼梦》里的孙媳妇那么辛苦地在旁边照应着，招呼人家吃菜，她也可以忙得兴兴头头。她的家族观念很重，对母亲，对弟妹，对伯父，她无不尽心帮助，出于她的责任范围之外"，"她的恋爱，也是要求可信赖的人，而不是寻求刺激"[1]。我的苏青，也是这样一个女子。

初识苏青，是在十年前她办的一次家宴上。那时她开一家人力资源公司，专给硅谷的高科技公司做高管猎头。她有两个合伙人：她的丈夫托尼和前夫艾瑞克。这个组合令我对苏青的好奇心陡起。

苏青的家坐落在硅谷西边的山上，她刚刚完成装修。一进门，一个大玻璃框里面挂着一件我小时候常见的中国南方的旧得发黑的蓑衣，玻璃框下是一个暗红色的、油漆斑驳的西藏条柜，和整个温柔的象牙白色调的客厅形成了强烈的反差。从客厅巨大的落地玻璃窗望去，是绵延不绝的深绿色的落基山脉。厨房是开放式的，和客

---

① 张爱玲：《我看苏青》，1945 年 4 月《天地》月刊第 19 期。

厅连在一起，柜橱覆盖了整面墙壁，最显眼的是镶嵌在柜橱里的看上去很复杂的咖啡机。玻璃楼梯直通地下的酒窖，里面有数百支红、白葡萄酒。客人都聚在酒窖里，听苏青的丈夫托尼娓娓地介绍他的收藏，最后大伙起哄似的卷了几支红酒上楼，女主人苏青已经把餐桌摆好了。六个近70厘米宽的大盘子里盛着沙拉、烤肉、烤菜、烤鱼、水果、甜品，一溜排开，满满一大桌。苏青解下围裙，热情地招呼大家。她脸上一点也没有在厨房忙乎一天后的疲样儿，看上去就像张爱玲的苏青，瘦俏的身材，加州特有的肤色。当流海把那对很聚光的眼睛挡住时，苏青一甩头，露出了夹着一丝羞涩的笑脸。我对身边的朋友说，苏青看上去像个少女。她说，当然了，每天被两个能说会道的男人捧着，幸福感还不嗖嗖地蹭。

　　当晚的客人大多是已经被她俘获的或者是她正盯着的猎物。因为苏青，他们都在硅谷高科技公司得到了自己满意的职位和工作，而苏青得到了雇他们的公司所支付的费用和股票，听说至少是猎物三分之一的年薪。

　　打那以后，我和苏青隔三差五地约着喝茶，吃饭扯闲。2009年夏季，我们一家回国，苏青一家去了欧洲。转眼入了深秋，苏青约我全家周末晚餐，地点在纳帕酒乡。三个月不见，她和托尼竟搬了家。那天下着雨，在一望无际的葡萄园深处，有一座孤零零的深棕色的房子，那就是苏青的新家。吃的什么已忘了，只记得酒的香醇。才在纳帕住了不到两个月，她和托尼就能用20刀买到有60刀品位的酒，碰巧了，愣能用 30 刀砍来上百刀的美酒。猴儿精猴儿精的一对。

感恩节，我们一家又来到苏青的家，这时他们已经搬到纳帕市中心了。新家是座历经百年的老房子，看上去显然被历代主人修缮过，很入时。只有一个卫生间，好像年代久远，从马桶到墙壁都是粉色的。苏青说这曾经是电影《飘》的男主角克拉克·盖博的家，他们买下这座房子后，托尼就把厕所供起来了，不让用了。如今托尼像变了个人似的，对品酒、高尔夫球失去了兴趣，天天坐在电脑前可劲儿敲，声称要写剧本。

再一次相聚是在冬季，苏青在太浩湖畔滑雪胜地的度假屋。大块的烤肉，一大锅菜汤，一簸箕面包，纸盘加塑料刀叉，失去了以往待客的精致和奢华。饭后在壁炉边谈话仍是托尼主导，不再海阔天空，全围绕着托尼刚完成的剧本。一个叫詹妮的华人女子和埃瑞克就剧本里的一个细节激烈地争论着。苏青告诉我，詹妮是托尼的前妻。壁炉的火映在苏青微笑的脸上，她看上去恬淡、超然。如果没有我们这一家五口的加入，他们这四位将是一个多么有趣的组合呀。苏青的大度令我深深地佩服。

一年后，苏青说她在好莱坞山上的家里办派对，夫祝她从加州大学洛杉矶分校电影制作班毕业，托尼从剧本班毕业，同时他俩的电影公司正式成立。那年在盖博的粉色卫生间里，我就料到有这么一天。这就是苏青，干什么都讲究个名正言顺。

一晃两年过去了，苏青再也没请我去她的聚会。我在社交网站上为她每一个信息点赞，偶尔她会敷衍我一下。前不久，硅谷风头最劲的投资人马克·安德列斯在斯坦福商学院发表演讲，有听众问他投资热点，他环顾左右而言他：硅谷的高科技与好莱坞的内容创作相结合，会产生行业性的变革。我不由得想起苏青。

想什么来什么，回家的路上，我就接到了苏青的电话，她兴奋地告诉我，她独立制作的电影《灰女士》（*Grey Lady*）马上要在好莱坞进行首映仪式，她请我去和她一起走红地毯。我不由得尖叫起来。尽管我心里知道苏青一定能实现她的好莱坞梦，但真没想到这么快她就入梦了。

《灰女士》由美国一线电视明星埃里克·迪恩（Eric Dane）和娜塔莉·姿雅（Natalie Zea）主演，是一部画面唯美的惊悚片。苏青说："我和托尼卖了房子投资我们的电影事业，这让我俩经验了制作一部电影的完整过程。托尼写了好几部获奖剧本，我现在是有经验有技巧有名声的电影制作人了，我要开始将托尼的剧本搬上舞台了。"我暗想是不是名叫苏青的女人都会为自己老公豁出一切："那你接下来准备卖哪座房子呢？"苏青扑哧一声笑了："凭着《灰女士》的上映，我就有信誉了，可以为下一部电影集资了。硅谷练就的拳脚在好莱坞同样可以施展。电影领域有很多赚钱的机会，大家觉得风险很高，是因为好莱坞有很多好看不好用的人。我和托尼都是做猎头的，只需几秒钟，就能把不靠谱的剔出去。其实电影行业的风险比我做的高科技领域的还小。在硅谷，十家公司中有一家上市或被并购就觉得很不错了。在好莱坞，再差的电影，也有人给你买单。制片和创业是一样的，最重要的是市场。我们首先把市场分析清楚，然后决定团队和预算。高科技创业往往是先有产品，再拓展市场。而电影制作是先确定市场，再开始制作。我觉得现在的高科技已经发展到了一个高台，下个增长点是人文内容创作，保不齐，可以捎带着高科技更上一层楼。还记得我们一起在太浩湖度过的那个风雪交加夜吗？"

"当然，那天我儿子裹着不知从哪儿翻出来的熊支，突然跳到客厅里，把大伙吓了一跳。"

"把你吓了一跳，我们托尼可从他这一跳中编出了一个科幻惊悚剧本，而且资金已到位，很快就要开拍了。"

泼冷水向来不是我的路子，尤其是对苏青这样的才女，因为很可能最后湿身的是我。我开始幻想在下一部苏青电影的首映式上，该穿什么样的礼服，一不小心挂了苏青的线。

# 有求必应的境界

这是一个 30 多岁的中国男人的故事。14 岁那年，他作为文化交流学生，第一次来到美国。后来，他在美国上大学，在硅谷工作，成家立业。几年前，他突发奇想，提一些看起来很出格的要求，就是找抽的那种，用来测试自己脸皮的厚度与周围人的包容程度。

"有次我敲一个陌生人的家门，主人出来，我问主人可不可以在你们家后院踢会足球？他爽快地说：当然可以。

"我问一个警察，可不可以让我在你的警车里坐一会儿，体验一下当警察的感觉。那警察上下打量我，然后说：为什么不？

"一次我坐飞机，我问乘务员，我多次坐飞机，对起飞前的安全介绍耳熟能详，今天可不可以让我来做演示。那乘务员笑着把手中的安全带递给我，我就大咧咧地开始演示。最前排的那个大汉，以为我是劫机的，差点没有把我按在机舱的地板上。

"一天早上，我去面包店买早点，女店员热情地迎上来，问我需要什么。我跟她说要奥林匹克甜面包圈，五个连在一起的那种。那女店员说：哦，这个要求有挑战性，让我琢磨一下。我想这种要求太出格了，她可能不会理会我。谁知，她问我：你什么时候需要这些甜面包圈？我说 15 分钟后吧。她又问我这些面包圈是什么颜色的。我觉得这下有戏了，于是和她讨论了一会面包圈的颜色。她说：让我看看可以做些什么。过了一会，她拿着一个大盒子出来，我打开一看，五个甜面包圈，上着不同的糖色，摆成奥运示志。我夸了她的创意，然后问多少钱。她笑了笑说，这很有趣，分文不取。这段关于奥林匹克甜面包圈的故事，在网上点击量超过 500 万。"

有人总结过成功的三条秘诀：第一是"坚持"，第二是"不要脸"，第三是"坚持不要脸"。在硅谷这个地方，更不要怕被拒绝，不要怕失败，多么疯狂的主意，在这里都是平平常常的。

# 斯坦福医院的可植入镇痛器械

朱莉是我多年的邻居，她曾是硅谷一家有几千名员工的知名企业的总裁。朱莉的两个孩子和我的孩子几乎是同级，而且同校。她偶尔请我搭把手接送孩子。近邻加上趣味相投，我们俩就成了无话不谈的朋友。

两年前，朱莉突然辞职，成了一名全职母亲。奇怪的是，她需要我帮助的时候反比以前多了很多。我很纳闷。终于有一天，我俩把孩子们送到足球场后，朱莉提议去她家喝一杯。

朱莉的房子是我们这条街上最大最漂亮的。以往周末，整条街常常会被她家派对的客人们的豪车塞得满满的，朱莉也常常邀请我去她家和他的客人侃中国这一当今硅谷热门的话题。这样的景象已经一年多没有出现了。如今朱莉家门可罗雀，屋里也是凌乱不堪。朱莉把茶几上的东西推了推，腾出一角，放上两个茶杯，冲上热水。

眼前的朱莉，浅黄色的卷发打着结，乱糟糟的，面色苍白，手背和手臂上布满凸起的青筋，蓝眼珠在深陷的眼窝里快速跳动，看上去有些神经质。她说："三年前的一个深夜，我正忙着连夜加班在公司开会，突然头像炸裂一般疼痛，好歹把自己挪到卫生间，吐得一塌糊涂。过了好一会儿，头痛减轻，我才回去，草草结束了会议。此后，类似情况时有发生。我看了好几位医生，止痛药剂量飙升，每天昏昏沉沉，董事会提出让我休假养身体。可在家休息并没有缓解我的病情，好几次头疼时我无法控制自己，砸东西，大哭，歇斯底里地和道格拉斯大吵大闹，现在头痛越发频繁和剧烈了。你也看见了，前不久他搬走了。我的生活已经被这剧烈的头痛毁掉了，要不是这两个孩子，我都不想活了。"朱莉顿了顿，"听说中医的针灸对疼痛有很好的疗效，我看很多中国人在你家进进出出，你认识针灸师吗？"

"斯坦福医院疼痛科的钱湘教授是我的朋友，听说他们科有治疗疼痛的针灸师。"

"我这就去约他的门诊。"

隔了一周，把孩子们送到学校后，朱莉捧着一杯咖啡，我揣着一壶茶，一起散步。

朱莉说："我去看过钱大夫了，他的诊断是我得了一种比较罕见的临床疾病：丛集性头痛。针灸对这种病没有作用，吸氧、减少压力、服用止痛药是目前普遍的疗法，但效果不是很理想。我告诉他我是在吃止痛药，但这痛发作时往往都来不及吃药，有时痛过去了，药劲却上来了，昏昏欲睡，什么事也做不成。他说这就是这种病的典型症状。这个病的病根在于鼻腔后部一个什么神经节的异常活性。这几年，他和斯坦福医学院、工程学院的同事们一起研发了一种新型医疗器械，可以阻断这个神经节。目前他们的仪器已经通过了 FDA（美国食品药品监督管理局）批准，进入人体实验阶段末期，效果不错。他问我要不要试试。"

朱莉从兜里掏出一个小塑料盒，小心翼翼地打开一层层的纸，露出一颗黑色的大米粒，一头还连着两根细小的几乎看不见的铜丝。"就是这个样子"，朱莉把那盒子凑到我的眼前，"钱大夫说，从口腔里开个小孔，把它放进去，小手术，半天即可出院。以后头一疼，就用手机的 App 遥控让它放电，使神经细胞安静下来，疼痛自然就消失了。"

"把这玩意儿放到鼻子里？"我疑惑地看着朱莉。

"你不会体会到那头痛有多么残酷，那真是疼起来能要命。你看，我的右眼角都开始耷拉了，都是因为这难缠的头痛。权当它是一个挖不出来的大鼻涕妞吧。"朱莉脸上露出了久违的笑容。

一个月后，朱莉笑吟吟地来我家敲门，"那小妞在我鼻子后面躲了三周，我就使唤了她一次，真管用，止痛药停了。我又开始工作了。"

"我真为你高兴！"

"多亏你介绍钱大夫！他不仅医术高明，而且还很有硅谷范儿。你知道吗，他是斯坦福医学院孵化器的指导教授，一有空就去那里讨论项目，随时和斯坦福的那些聪明大脑激荡？今晚我约了硅谷风投和企业家，还有钱大夫，看看他们能不能擦出火花。你也来会会你的老朋友吧。"

　　朱莉家的客厅里，宾客擎着酒杯窃窃而谈。钱教授刚到，我总觉得只要给他套上青布长衫，不用任何装饰，钱教授就妥妥的是一位从民国走来的江南才子。大家围着钱教授，请他讲那颗黑米粒。

　　钱教授说："这还不够完美，我正在和工程学院的教授讨论把它做得更小，从鼻腔里内窥镜下植入，这样创口就更小了。我们的长远目标是用新材料代替金属，直接把它贴在鼻腔内，不用开刀。"

　　后来人越来越多，我再也听不清他们的讨论，便戈到朱莉问她需要什么。

　　朱莉说："你看这么多人对钱教授的研究感兴趣，硅谷现在的资金和人力都在往生物医疗方面转。晚饭我都准备好了，你方便就带瓶饮料吧。"

　　我回到家从酒窖里选了一支前年的纳帕红酒，先生看了摇头，我说："就它了，去年纳帕大火后买的几箱赈灾酒。朱莉他们家那么多人，谁分得出来呀。"

　　"妈，"刚刚高中毕业的儿子带几个同学风一样地进了屋，"你那姐们满血复活了吧？又没地方停车了。"

　　我出门一看，温柔的月色罩着满大街的车，只好打开后院的车库大门。

# 决战"阿兹海默"<sup>①</sup>

老了真不好，面目狰狞，疲惫不堪，腰酸腿痛，更不堪的是患上老年痴呆。三分钟前的事记不起来，三十年前的事满脑子。古今中外，抵抗衰老的招层出不穷，大都围着青少年，甚至婴儿打转。中医有"童子溺""采阴补阳"的传说，西医从流行了几千年的放血，转到当今的"输血"，阿兹海默症的研究已经成为西方医学的显学。

2014年，斯坦福大学神经科学教授托尼·维斯－卡莱在政府研究基金的支持下，发现老年老鼠的血浆中存在"年龄增长"因素：把采自年轻老鼠的血浆输给老年老鼠，血浆中的"年轻化"因素可以使后者的脑组织恢复活力并改善认知能力。这两项实验结果为治疗认知功能障碍和其他与年龄有关的疾病的研究开启了一扇大门。凭着这个发现，托尼创办了专门研究老年病治疗的公司奥卡斯特。在他的指引下，奥卡斯特公司开始资助斯坦福医学院莎朗博士在斯坦福医学院进行人体实验，而托尼本人因为避嫌而没有参与实验。

莎朗博士挑了18名患有轻度到中度阿兹海默症的老人，把他们

---

① 本文参考了斯坦福大学校报、美国奥斯卡特公司网站内容。阿兹海默，也译"阿尔茨海默病"，老年性痴呆的一种，多发于中年或老年的早期，因德国医生阿尔茨海默（Alois Alzheimer）最先描述而得名。症状是短期记忆丧失，认知能力退化，逐渐变得呆傻，以至生活完全不能自理。

分为两组，每组 9 名，分两个阶段进行。

在第一阶段，给若干名受试者输入 18—30 岁捐献者的血浆，每周四次。注意，不是血液，而是血浆。血浆是从血液分离出来的带有血液因子但没有血液细胞的液体，看上去是透明的，通常略带黄色。另外几名输入生理盐水做成的安慰剂。这两种液体外观是一样的，9 名受试者和操作人员都不知道谁被输入血浆，谁被输入生理盐水。也就是说，整个过程受试者和操作者是"双盲"。输入四周后中断，经过六周清除期，最初被输入血浆的那些人每周输注安慰剂四次。同时，最初被输入安慰剂的那些人改输血浆。

为了确定参与者的情绪、认知功能，在两个四周输入期之前和之后，莎朗教授对受试者或他们的护理人员进行了多项测试和问卷调查。整个过程耗时近六个月。这期间，受试者需要在他们的照顾者陪同下到斯坦福大学十几次。为减轻负担，调查人员决定调整下一组的实验。这一组 9 名都接受了年轻捐助者的血浆输入，他们和他们的照顾者以及操作人员都是知情的。这组实验耗时 10—12 周，并相应地减少了受试者到斯坦福的次数。这些受试者像第一组受试者一样，接受了全面的情绪、认知功能评估。

18 名受试者中只有一人发生了与实验相关的不良反应——过度瘙痒。莎朗认为，这并不是完全出乎意料的，因为任何血液制品输入都可能产生同样的副作用。有一位受试者罹患中风，但这与此项实验无关。因为这名受试者只接受了四次生理盐水输入，而且是在随后的清除期结束时中风，在此期间没有任何输液行为。

莎朗说，实验结果评估显示，受试者的情绪、认知测试的表现没有显著变化。这些测试包括记忆列表、回顾最近事件等。这个结果在意料之中。但她补充说，这些变化通常只在临床试验中才能观察到，这回临床试验的持续时间刚超过一年，假以时日，或许能看到更多的变化。

但是，在受试者三种不同的功能评估中，受试者表现从统计学角度看有了显著的改善。

"对我来说，这是令人惊讶的，尽管实验规模较小。"莎朗说。

起初，研究者怀疑受试者功能改善的报告可能是由第二组参与者驱动的，因为他们与他们的照顾者和操作者已经知道他们被输入血浆，这可能导致照顾者给出更乐观的报告。但完整的数据表明，第一批接受血浆输入的受试者——他们并不知道他们获得的是血浆还是生理盐水，功能性能力得到显著的改善，受试者能够满足独立日常生活所必需的基本要求，例如记住吃药、支付账单和自己准备饭菜。

莎朗说，实验结果令人鼓舞。这证明血浆输入是安全的。至于其有效性，还需要更大规模的人体实验数据。莎朗教授在第十届波士顿阿兹海默症研究大会上发表了她的实验结果。

托尼的奥卡斯特公司随即发文表示，既然输血浆法是安全的，公司将开展大规模的临床试验，向治愈中轻度阿兹海默症的目标靠近。在美国，政府、学界、商界共同演绎的一场激战阿兹海默症大片，准备就绪，即将开机。

# 人工智能驱动的平台

硅谷，从 11 月最后一周的感恩节到来年元旦，忙碌了一年的人们通常都不太干正经事。从单位到个人，大大小小的派对，聚集了各路"牛鬼蛇神"。酒不必醇，食无需精，要的是上下几千年，纵横数万里的谈吐和嗓门。混在其间，常常会听到不平常的故事，撞到有趣的人。从旧金山到圣荷西，今年最热门的话题是人工智能。这可是脸书总裁扎克伯格 2016 年定下的目标，焐了一年，在这风雨交加的冬季，终于热了，火热了。

当前，基于互联网的服务平台基本完工了，人们在上面交友、交易。2017 年以来，一种基于人工智能的新平台出现在人们面前，用户在平台上定制器件、软件和服务。当下你有问题，网上一搜，答案就出来了。但你若灵机一动，有个超酷的构思，比如想做一款网络游戏，或想当一个超级猫奴，给你的小主做一个电热猫窝，搜索引擎可帮不了你，据说要到人工智能平台。对此我一直很好奇，在旧金山创业者的派对上，我遇到一个叫阿瑞秋的以色列小伙子，他说他有这样一个人工智能驱动平台，可以演示给我看。真是想什么来什么！他打开电脑笔记本，我把他的每一步都记录下来。

首先我要回答一系列的问题。

1. 你想要个什么类型的产品：软件还是硬件？

我选了软件。

2. 你这个产品是干什么用的：销售？自用？改进现有的产品？推广？其他？

我选了自用。

3. 你的产品会在什么样的平台上发布：苹果手机？安卓手机？互联网？其他？

我一口气把前三个都选了。

4. 你的产品归哪一类：在博客或其他网站展示内容？建立互动和共享平台？提高现有产品效率？制作新的网络游戏？建立一个交易市场？

我选了前两项。

5. 你的产品将面向哪些受众：大公司？政府？社区？小公司？个人？其他？这对产品定义和优先级有重大影响。

我全选了。

6. 你的产品需要识别用户吗？用户要注册账号吗？

我选不用，那么麻烦人家还会来吗？

7. 你的商业模式：免费？广告？一次付清？分期收费？销售？其他？

我选了前两个。

8.产品的管理运营模式：和用户互动？增加网站内容？记录收费？记录分析用户活动？尚未决定是否管理网站？

我选了前两个。

9.写一篇不少于100字的短文，描述为什么你要做这个产品。

我略顿了一下，在键盘上敲了一段话。翻译成中文：我是一名生活在美国硅谷地区的华人。每日看到、听到、感受到硅谷高速变化的科技人文现象，希望建立一个或找到一个中文平台，发布这些信息，和我的祖国人民互动、共享。

10.你的竞争者是谁？当前市场上有类似的产品吗？

我的回答很干脆：不知道。

11.如果你还有关于这个产品的其他的细节，请列出来，这将有助于我们的产品设计。

我的回答：没有。

最后一项，请为你的产品命名。我毫不犹豫地敲入：硅谷来信。

随后，屏幕上出现了一行字：谢谢分享您的产品设计理念。请您注册，我们将在24小时之内回复您。

我问阿瑞，这就完了？

阿瑞合上电脑笔记本说：是的，最迟明天你就会收到我们公司的E-mail，包括一份产品知识产权保护合同，确保你的产品资料不外泄，还有产品制作的大致流程，一位专为你服务的产品经理人的联系方式，当然还有预算。

阿瑞看到我半信半疑的样子，就开始絮絮叨叨地讲起了他的公司。

"我们公司建立了一个超强的机器学习系统，它不眠不休地学习，它的知识也是无边无沿的。在积累知识的同时，它把这些知识分成巨多的，但只有一项独立功能的模块。客户输入他想象的产品设计蓝图或服务要求，就是你刚才回答的那 12 个问题，我们的系统就会分析这些答案，迅速将有关模块重新组合。通常，我们的系统会自动完成 70% 以上的设计工作。这样，产品原型即完成了。剩下30% 的工作量，我们会和客户就原型深入讨论。我们认为创新是人类最美好的部分，它是由我们的客户提出的，而我们的业务就是重组知识模块，实现客户的目标。经过多次讨论和修改，最终我们会交给客户一个完整的解决方案或方法。这将是我们的模块和客户创新思维的完美结合。"

"也就是说，你们的公司就是一个把客户的想法转变为产品的平台？"

"八九不离十。"

邀请我们参加这个派对的是一位资深风投，他说，"这类公司今年以来有不少，关键是看他们的机器学习的效率和成本控制。"

阿瑞说："我们的机器学习，分类建模有一套很独特的算法。我们的工程师和设计人员大部分来自东欧国家，特别是乌克兰。那里曾经是苏联的高精尖武器和航天航空基地，有大量的高科技人才，一个有经验的软件工程师年薪在 3 万美元上下。在硅谷，刚出校门的计算机本科生的工资就是六位数。"

　　那个风投大佬说，"做同样的器件原型，硅谷与深圳比，时间上，是四倍，费用上，是六倍。深圳的制造系统举世无双。如果我能和深圳的资源连上，建立这样一个平台应该是个不错的生意。打哪儿下手呢？"

　　到家已经半夜了，我收到了以色列公司的 E-mail。大致说来，做成这个产品，需要写 12456 行代码，两个月时间完成，预算 4.5 万美元。到哪里弄这笔钱呢？

　　当夜，投资人纷至沓来，他们列队从我面前走过，每人手里都拿着一张支票，面额一张比一张大，我正在犹豫选哪个，突然他们全消失了。硅谷的艳阳照进了现实。

# 生物统计的商业用途

41岁的小雅结婚时,我是伴娘。她说,"你的三个孩子都健康长大,我有了孩子,一定让你当教母。"

半年后,小雅和我午餐。她愁眉苦脸地说:"还没怀上,医生说我们这个岁数,最好做试管婴儿。"

"那赶紧呀。"

"说得容易。我问了专家,一个疗程要花一万多美元。从注射激素,到全麻取卵、植入,这可是手术。小半年出去了,身心都有很大付出,如果保证能怀上,我也就认了。可是……"

这教母我非当不可,"前几天看新闻,有一家公司专门预测试管婴儿成功的几率,据说准得像大仙。我这就帮你找找资料。"

回到家,我很快就搜到有关信息传给小雅。一周后,小雅找上门来。"那家公司看了我和老公的资料,说是我俩有65%的成功机会,鼓励我们做。"

半年后的一天,小雅约我午餐。"我刚从医院回来,化验结果是阳性。我怀上啦!医生从我的身体里取出九个卵子,和我老公的精子合在一起,得到了九个受精卵,四个优级,两个良,剩下那仨刚及格。这次植入两个优级的，剩下七个全冻起来了。"

次日一大早，打开微信，小雅发了一大串语无伦次的话。一个意思，她流产了。两个月后，剩下的那两个优级的被植入小雅体内，这次干脆就没有反应。

我带着新出炉的蛋糕去看她，安慰着："还有五个呢，别灰心。"

"先不说我身体的疼痛，这般的期盼和失望再轮回一次，我会疯掉的。可算出来我有大于 50% 的成功几率，他们鼓励我做第三次，还说如果不成功会退钱。每每想到我还有五个小宝贝待在那冰冷的世界里，我就多了一分勇气。"

该说的话都让她说了，我最好做一名耐心的听众。

三年后的晚秋时节，小雅带着两岁的儿子来斯坦福校园和我午餐，我带她娘儿俩去 BioX（生物交叉学科）克拉克大楼下的咖啡馆。刚落座，小雅一把抓住我说："你看，王永雄教授在那儿，咱过去打个招呼？"

我顺着她手指的方向望去，一个头发灰白、高个子、身材直挺消瘦的男人，正朝咖啡馆走来。

"他是统计领域的世界级专家，美国科学院院士。[①]你认识他？"我看着小雅。

"还记得那家预测试管婴儿成功率的公司吗？在用他们的产品

---

[①]　王永雄，斯坦福大学统计系及生物医学数据科学系终身教授。1993 年获得统计学界最高奖"考普斯会长奖"，2009 年当选美国国家科学院院士。

前，我做了很多调研，他们产品的理论基础是王教授做出来的。咱去打个招呼吧！"小雅抱起儿子，迎了上去。

"王教授，您好！我叫小雅，这是我的儿子。我两次都失败了，本来不打算做了。因为相信了您那家公司给我算的成功几率，我才鼓足勇气做了第三次，终于有了他。"小雅那语气仿佛见到了送子观音。

王教授看上去有些窘迫，"那公司是斯坦福医学院的教授创办的，我只是顾问。"

我几乎天天在这个点在这儿看到王教授。今天趁他精神还不错，又有小雅在，我胆儿一肥问："王教授，除此之外，听说您还办了很多公司？"

"哪里，哪里。我只是参与了五家公司，全与基因和健康有关，但都不是我办的，是我的同事、博士生和博士后们办的，我只是顾问。我主要追求学术成果，而他们了解社会需求，有激情，有能力把我们的学术成果转换成技术。对此我持支持态度，但我自己从来不办公司，术业有专攻。"他的语气和做派透着一种古代中国文人的清冷劲。

我好奇心陡起，开始刨根问底。

"十几年前，斯坦福医学院不育症专家姚教授收集到数千个病例，美国大约有 12% 的妇女由于各种原因不能自然怀孕，其中 45% 寻求试管婴儿。虽然这是最有效的方法，但仍有大约 30% 的失败率。

我和姚大夫分析了这些病例，用贝叶斯概率建立模型，一方面让那30%不可能怀孕的妇女免受身心痛苦和金钱损失，尽早开始规划新的生活，比如领养，另一方面，让那70%的妇女坚定信心，克服困难实现生子的愿望。姚大夫在这套模型的基础上开了公司。这算是我参与的第一家公司。"

"我就是这家公司的受益者喽！"小雅忙不迭地插话。

"第二家是基因测序公司，我的一个博士生觉得我的一些DNA序列数据分析方法有商业前景，就去商学院修创业课程，期末报告就是利用这个理论做基因分析，得到了创业资金，办了Bina，前不久被罗氏药业高价收购了。"

"第三家公司是咱们中国人办的，研发罕见病诊断系统。我有一个学生叫马欣，是中国留学生。我们意识到，我们在生物信息学和统计遗传学上的一些研究和相关知识库搜索的算法在中国医疗界会有很多应用。经过很长时间的研究，我们决定开发罕见病诊断系统。罕见病很复杂，病人年龄小，却深受其苦。目前已知的罕见病大多是基因突变引起的，孩子出生几个月就出现症状。例如黄斑、呕吐、眼睛不正常等，能描述出来的症状超过一万种，平均下来每一种罕见病至少有十种症状。这么复杂，医生不可能全记下来，而且因为是'罕见'的，所以诊断非常困难。我们把病名和病症配对，加上患者基因组序列数据中的信息，做成罕见病诊断系统。比如一个病人有十二种症状，他是得了哪种罕见病呢？用我们这套系统就可以很快诊断出来。有些罕见病，如果及时诊断，是可以用现有药物和技术治愈或改进的。比如小孩患有代谢功能障碍，有可能是他体内缺少一种酶。如果确诊，给他补充这种酶，他有很大的可能康复。马欣现在回到中国成都，成立了奇恩生物科技（GenomCan）。"说到这，王教授指着手表说，"对不起，我下来买杯茶，学生们都在楼上的实验室等我呢。"

　　午餐后，我们三人走出餐厅，天空飘起了雨。我解下披巾要给宝宝围上，小雅拉住我："我儿子可是冻出来的，这点儿毛毛雨！"

　　她把围巾绕到我的脖子上，拉着宝宝消失在雨雾中。

# 从数字看美国影视传媒业①

最近，我在斯坦福听了一个讲座，关于美国电影行业。主讲人是美国安培林合伙人公司（Amblin Partners）的董事会主席和联合CEO杰夫·斯莫先生（Jeff Small）。这家公司于2015年12月成立，主要业务是制作电影、电视和数字娱乐产品。斯皮尔伯格②是投资人之一，而他创办的梦工场，也是这家公司的一个部分。斯莫先生用数据诠释了当今的美国影视市场，我把主要部分列出来。

2016年美国电影的票房收入，90%来自七个主要公司。其中最多的是迪士尼电影公司，占26%，第二位是华纳兄弟，占17%。

20年来，按照2016年美元价值计算，1995年每张电影票售价6.85美元，2016年售价8.43美元，上升不到1.6美元。1995年，全美售出大约12亿张电影票，2002年，这一数据达到高峰，将近16亿张，随后开始下降，2016年，售出14亿张。电影业的总收入，

---

① 文中数字来源：纳什信息公司、Netflix数字公司、美国动作电影协会、美国国家公共电台、南加利福尼亚大学、加州大学圣地亚哥分校、美国唱片协会和皮尤调查公司。

② 史蒂文·斯皮尔伯格：美国著名电影导演，执导过《大白鲨》《E.T. 外星人》《拯救大兵瑞恩》《侏罗纪公园》等经典影片。同时，斯皮尔伯格还是全球顶级的电影制片人，《回到未来》系列、《变形金刚》第一部和第二部，都是由他担任制片人。

1995 年是 83 亿美元，2016 年将近 110 亿美元。26% 的观众是婴儿潮一代，他们成了电影市场消费的主力军。

北美之外的国际市场，持续增长。按照 2015 年美元价值计算，2011 年总产值是 34.7 亿美元，69% 来自北美以外的市场；2015 年总产值是 38.3 亿美元，29% 来自北美市场。

下面一组数字对我来说有些出乎意料。根据 2015 年的统计，美国亚裔人口占美国人口总数的 8%，占观众总数的 9%，亚裔形象在电影中占 10%；白人占人口总数的 63%，占观众总数的 57%，白人形象在电影中占 73%。

女性在好莱坞处于相对弱势的地位：剧中讲台词的演员，39% 是女性；剧作家只有 29% 是女性；女导演就更少了，只有 12%。

至于音乐行业，呈全面下降的态势。1990 年，全行业收入 130 亿美元。2000 年，达到高峰，200 亿美元。到了 2015 年，却不到 60 亿美元。与此同时，音乐会成了亮点。1990 年的演出收入大约 20 亿美元，2015 年上升到 60 亿美元，和音乐界其他收入的总和平分秋色。

报纸面临的挑战更大，从年轻人到老年人，读者全线流失。1999 年，42% 的年轻人和 72% 的老年人看报纸。到了 2015 年，年轻人只剩下 18%，老年人下降到 55%。

最后，斯莫先生说，过去十来年，影视方面的技术取得了长足的发展，目前市场稀缺资源是内容创意，一个好的剧本是成功的关键。

　　这话我爱听，回家后我把以前写的一些零碎从尘封的记忆里翻出来。云里雾里，令他死，让他活，笑一天，哭一宿，风里来，雨里去，忙得不亦悦乎。虽说是野百合，但春天来了。

# 麻将桌上治尿床

大年初一，辛西娅、艾米和小凤来家搓麻将。其实，我们中的四分之三都是牌搭子，图的是聊天时手里捏个啥，就省了零食了，嘴也利落些，少给中年发福的身子添磅。

辛西娅一边砌墙一边问艾米："课上得咋样啦？"

"太棒了，你们都该去学学。"艾米说。

"啥呀，这么激动？"小凤扔出了骰子。

"她说她老睡不好觉，我介绍她参加一个为期三个月的催眠师培训课程。"辛西娅是中英文双语催眠师，每小时的费用超过300刀，生意好得令她好久都不接受新客户了。

"硅谷的中心帕拉阿图，有三所大学。你想不到吧？斯坦福名声最响的是计算机系和电机系，尽管经常惨遭麻省理工和伯克利打压。而能在全美独占鳌头的是心理学系，另外两所大学干脆就只设心理学。"我扔了一块白板后说道。

辛西娅收了白板："生怕人不知道你还是其中一所大学的校董呢？"

"还不是因为市场需求旺？硅谷生活压力太大了，心理不正常的人太多了。可那催眠术真的有用吗？"小凤扔出了我想要的四筒。

"我给你讲个我三年前做的案子吧。"辛西娅狠狠地抓了一张牌，对着牌吹了一下，用她特有的、低沉的、缓慢的、绘声绘色的声调，缓缓道来。

　　　有一天，一对母子来到我的诊所，妈妈说马克9岁了，还老尿床，有什么办法吗？男孩子尿床的太多了。记得咱小时候，有多少男同学被称作绘图大师吧？我把一脸囧像的马克安置在一张舒服的沙发里，他的小身子几乎埋在了沙发里。

　　　我问他："亲爱的马克，我有个故事要告诉你，关于尿床的，你想听吗？"

　　　"想！"

　　　"过去的几年里，许多人来找我治疗尿床，他们都是男人，比你岁数大，其中还有很多名人呢。"

　　　"真的吗？"

　　　"嗯！"我用不容置疑的表情深深地点头，"我把他们都治好了。"然后我又轻轻地问他："谁是你的偶像？"

　　　"芒塔纳、李斯、斯蒂夫·杨"，都是赫赫有名的橄榄球明星。

　　　"哦，他们在很远的地方，但我可以带你去见他们。你想去吗？"我的语调像灰太狼一样轻柔。

　　　"当然！"

"好，那你闭上眼睛，我带你坐飞机去见他们。"

马克闭上了眼睛，我拿出一架玩具飞机，它能发出飞机发动机的声音。我一边把音量放大，一边说，"你现在坐在飞机上，飞机起飞了，它会把你带到一个非常特殊的海岛上，芒塔纳、李斯、斯蒂夫·杨就在那个岛上等你，好不好？"

"太棒了"，马克的双手伸向天空。

"嗡……"飞机的声音持续了一分钟。看到马克闭着双眼，样子很放松，我说："飞机要降落了，我帮你系好安全带。"我模拟了几声飞机落地时的声音，用一个装着干薰衣草的小布袋轻轻地遮住了他的双眼，然后温柔地说："安全带解开了，马克你走出了机舱，放眼望去，白色的沙滩，蓝色的大海，绿色的棕榈树在风中摇曳，空气中弥漫着花香。远处，三个高大的男人向你走来，越走越近。我的天哪，正是芒塔纳、李斯和斯蒂夫·杨！你看见他们了吗？"

马克点点头。

"他们向你微笑，你们一同走进棕榈树林，在一块大石头前停下来。你坐在大石头上，他们围绕在你的身旁，向你传授停止尿床的秘诀。我现在不说话了，好让你专心听他们的秘诀。"

等了大约四分钟后，我问道："现在他们把秘诀都说完了，你记住了吗？"

马克点点头。

　　"请你把手张开，芒塔纳会给你一块美丽的石头，这不是一般的石头，它有防止你尿床的魔力，是你和橄榄球明星们会面的见证，握紧了哦。马克，你想和他们再待一会儿吗？好吧，他们正想和你多待一些时间呢。"

　　我看着马克，他的脸上出现了微笑，他一定觉得很开心。

　　大约过了四分钟，我说："马克，我们该回家了，你和明星们道别吧。记住，无论何时你需要他们，他们都在那里等着你哦。我们上飞机咯，系好安全带，飞机开始起飞了。"我打开玩具飞机的开关，"嗡……，噶……"

　　"飞机落地了，我数1、2、3，你可以睁开眼睛了。"马克的脸上挂着开心的笑容。我问他，"这趟旅行如何？"

　　"太棒了，我的明星都在那儿和我聊天，他们小时候都尿床，他们都传给我停止尿床的秘诀。"

　　"他们给你礼物了吗？"

　　"当然"，他骄傲地举起那块石头，"这是芒塔纳给我的。"你可以看到马克是多么的兴奋。

　　"这是真的耶！你永远拥有这块宝石，即使有一天，这宝石不在你身边，你要记住这宝石的魔力。"

　　马克从此再没尿过床。


　　"马克怎么就能得到信号呢？"小凤碰了个九条。

"还不是他的偶像把秘诀传给了他。"我扔了一个九条。

"那偶像都说了啥这么管用？"小凤又碰了个七条。"我怎么知道？马克崇拜的明星只告诉他，没告诉我呀。当我描述时，他慢慢放松了，下意识开始跟着我走。尽管他的经历可能与我描述的不相干，但他的下意识开始发挥作用，他的下意识已经接收到了停止尿床的秘诀。他的偶像跟他说了什么并不重要，关键是他知道了他崇拜的明星小时候也尿床，但是后来都不尿了。而那夬石头本身又在现实中强化了这个意识。当他入睡时，他握着石头，下意识就开始介入了，不管他睡得多沉，都会上厕所，他再也没尿过床。"辛西娅讲完了，扔出一个九筒。

"你的催眠术只对那些有丰富的想象力和轻信他人的人才有效果吧？我们都这把年纪了，怎么可能？"小凤扔出了个八筒。

辛西娅摸了一张牌后说："不论你多老，你都有相信幻想的能力。比如有多少次，你相信自己是最棒的厨子，但是烧出来的菜我们都不好意思说？我们为什么时常会担心？因为我们相信这种情况会变成现实。相信、想象、假设，这些心理现象都是催眠术的把手。"

我杠了一道发财后说："小孩比大人更容易想象、假设和相信。昨儿，我在银行排队，一个约莫5岁的男孩，坐在椅子上，手里把着一个大厅里用来分隔排队者的电镀桩子，嘴里模拟着救火车的声音。孩子的爸爸就在我前面，他对着孩子低吼：'吉米，吉米，停下！过来！'吉米不理他，男人又说：'停下，我要你现在就停下！'　'我在开救火车呢！'小吉米说。这名怒目圆睁的男人正要向孩子走去，我说：'你是不是因为不能把那桩子变成救火车而妒火中烧？'他的嘴立马咧成了瓢儿。"

　　我正讲得来劲，小凤大喊道："自摸，一条龙，和啦！"

# AI悄悄进我家

我的侄子带着妻子和半岁的女儿安娜从中国来到我家，全家喜出望外。

这是我人生中第一个真实的第三代。安娜粉嘟嘟的小脸像加州的水蜜白桃，两个黑眼珠像浸在水里的黑葡萄，散发着婴儿特有的奶香味，抱在怀里又热又软，一逗就笑得浑身乱颤。安娜很聪明，我和她说话、唱歌，她就咿咿呀呀地和我讨论。有时候她越说越急，哈喇子都流下来，像清晨微风中一朵带着露水的小花儿。

我开始有了做奶奶的范儿，和她玩得很开心。但是当她累了、困了，要吃东西，要换尿布，就理直气壮地还给她父母。侄媳妇是上海人，文雅端庄，说话走路都很轻。凭着对上海人的口味的认知，我做了红薯糯米面饼。红薯放到烤箱，410 度烤 90 分钟，烤的红薯皮肉分离，略微焦黄。两块红薯，一杯糯米面，一个鸡蛋，一茶匙油，半杯水，搅匀，摊在烧热的平底锅，撒上松子、葡萄干、栗子肉，两面煎黄，出锅，甜香糯，侄媳妇赞不绝口。

侄子在亚马逊工作，从小就是个电玩控，什么新鲜玩意都懂。这回他送给我们一件亚马逊新产品"Alexe"，一个高不足 0.35 米、半径约 0.1 米的黑铁桶。

　　侄子说："别看它不大，他连着亚马逊云，能回答任何问题。"

　　我立刻开考："Alexe，几点了？今晚有什么新电影？怎么做比萨？放爱情歌曲……"Alexe 没让我失望。

　　"Alexe，请播放迈克·杰克逊的歌《你不孤单》。"我说。

　　Alexe 说："我只能播一部分。"

　　旋即，迈克那磁性的声音穿过天堂，来到人间，弥漫在房间，钻到我的心里。我陶醉呀，轻轻地跟着唱，歌声戛然而止。

　　我急切地问："Alexe，怎样才能听全部？"

　　"付 1.29 美元。"

　　我立刻说："可以。"

　　歌声随即又响了起来。以前我总嫌买歌太费事，这可好，一声"是"，马上就成交。当我锁上家门赶往机场的那一刻，迈克的歌声飘到了我的心里："That you are not alone, for I am here with you. Though you are far away, I am here to stay."（你不孤单，我在此陪伴你，虽然你在远方，我留在这里）。我顿时有一种描绘不出来的东西在家里的感觉。我不在家时，它会兴风作浪，保不齐我回家时一个大冰箱会堵在我的门口。而 Alexe 会用她甜美的声音告诉我，这个智能冰箱会听你的话，随时为你更新你中意的食材。我迷迷瞪瞪地转过身，再一次捏捏安娜的藕节儿一样的胳膊。她长大后的世界将是怎样的呢？

# 一种叫ADHD的精神疾病

　　"那股劲儿上来，谁也拦不住"，"出口伤人"，遇到这样的人，最好的策略就是"躲"。中午和几个闺密午餐，又碰上这么一位，躲之不及，一肚子怨气，于是和在洛杉矶的朋友小丽煲电话粥。小丽听完我的倾诉，说："这人有病，别和病人一般见识。""看上去好好的，打扮得漂漂亮亮的，有病也是精神病。""还真让你说对了，咱中国人常常用'刀子嘴，豆腐心''心直口快'，自我安慰一把就过去了。美国人管这叫 ADHD，一种精神疾病。下周我去斯坦福心理系，我公司的三个创始人都在那里，我们的产品要在那里测试了。你那儿有住的地方吗？""当然，就住寒舍吧！"小丽是心理咨询师，两年前就开始创业，与斯坦福和南加大几位知名的心理学教授用人工智能和 VR 技术，开发一个心理测试产品，没想到这么快就做成了。

　　小丽在我家住了近一个月，我的闺密们知道了小丽的身份后，常来我家串门，我积年存下的茶叶都快被喝光了。她们大多问关于孩子的问题，话里话外离不开 ADHD。我一边沏茶倒水上瓜子，一边耳濡目染。趁着当下有 ADHD 专家的错觉，壮着胆子，写成此文。

　　麦克妈妈说："最近我三番五次被校长请去，说是孩子太闹了，不正常，强烈建议去看精神科医生。男孩子哪有不闹的？眼前越调皮的，将来越有出息，咱中国人不都这么说吗？这么小的孩子就看精神科，让我这当妈的脸往哪儿放？"

凯文妈说："我儿子上私校，校长说如果我们不去看精神科，就退学。所以就去了，测试花了整整三天，不仅测我儿子，还要拽上我们全家。老公国内那一大摊子，哪有这闲工夫？可那大夫说，没有全家的参与，没法做。生生地逼着我老公机票改期。前儿个结果出来了，我儿子患有严重的 ADHD。这可怎么整？"

艾米说："我弟弟半年内换了八份工作，每次都是和头儿吵架，气得忿儿忿儿的，不是他愤然辞职，就是被炒鱿鱼，目前在找第九份工作。好在他是编程高手，硅谷这样的工作大把的，但也禁不住这么折腾呀。"

轮到小丽，号称 ADHD 专家，她一开口，话就绵了：

"我初到美国，给医院打电话，遇到留言机说，如果你遇到医疗的和精神上的紧急情况，请打 911。我当时就想，生理上的疾病，像癌症、心脏病，突发时会死人。精神上的疾病也这么邪乎吗？后来多次和不同的医院打电话，留言机几乎是一样的。我开始思考这个问题，对呀，心理疾病不仅危害病人自己，而且伤害周围的人和整个社会。美国突发的恶性案件，80% 的作案人有精神障碍。我决定学习心理学。

"ADHD 是一种精神障碍，大都发生在孩童期间，美国至少有十分之一的孩子有明显的症状，男孩是女孩的四倍。ADHD 是天生的，如果父母有 ADHD，那么孩子有 50% 的机会中奖。ADHD 是非常复杂的，影响到孩子生活的各个层面，他们通常有以下几种表现：不停地动，搅乱课堂。社交能力非常差，不能和其他的孩子合作，当然很难有朋友。孩子总觉得要同时跟心中的好几个蘑鬼在打架，精力无法集中，丢三落四，学习成绩差，日常生活和情感像过山车一样，常常受到家长、同学和老师的指责和批评。患有 ADHD 的孩子，自行车事故比正常孩子高出 50%，去急诊室的次数比普通孩子高 33%。最近美国一项长达九年的 ADHD 专项研究指出，有 66% 的孩子把 ADHD 带到了成年，85% 的 ADHD 如果没有得到及时的治疗，会发展成酗酒和滥用毒品。患有 ADHD 的成年人，自信心非常不足。相比同龄的普通人，ADHD 的医疗费用高出 1 倍，性伴侣数目高出 1.6 倍，车祸发生率高 6 倍，意外怀孕率高 8 倍。由于不能控制自己的情绪，经常'冲冠一怒'，他们的离婚率很高，工作中被开除的概率是普通人的两倍，犯罪率是普通人的 8 倍。令人沮丧的是，ADHD 不会自愈，必须寻求帮助。

　　"研究表明，ADHD 如果能在孩童期间得到治疗，那么成人后，症状通常会减轻 75%，会比较容易进入正常的社会生活。一般说来，7 岁左右是症状集中显现的年龄，这也是最佳的治疗时期。13 岁以后，进入青春期，治疗的难度加大，疗程加长。最有效的治疗方法是看心理医生，制订一套治疗方案，反复实践，逐步锻炼孩子大脑的控制功能，使之从有意识变成下意识。这和赛跑一样，只有练出大肺活量和肌肉，才能跑出成绩。治疗通常需要2到3年的时间。这期间，学校和父母高度配合，家长多倾听，常和孩子共同做一件事，及时鼓励，帮助孩子制订计划，养成完成计划的习惯。ADHD的孩子对大人的精神状态十分敏感，如果大人经常处于高度紧张和愤怒的状态，那么孩子也会如此。比如说看电影时，遇到了惊险的场面，人们会不由自主地闭上眼睛。孩子也是。如果大人愤怒激动，孩子就会切断和大人的关系。患有ADHD的孩子通常是顺毛驴。平和的家庭不会有暴躁的孩子，即使有了也会改变。

"在学校，最好把有ADHD的孩子的座位摆在离老师最近的地方，尽量给孩子更多的关照，延长做作业和考试时间。我记得在斯坦福上学时，我的一个同学有医生开的患有ADHD证明，考试时间比我们长半个小时，而且他单独一人在另一间教室里答卷。我当时觉得很不公平，现在我对他充满同情。心理健康和能念会算在美国的初级教育系统里同等重要，我所在的加州每所小学都有心理辅导师。在这样的环境下长大成人，一般公共场合，都彬彬有礼，谦让有序。你不必是什么专家，但你是和颜悦色，不愠不恼，不急不躁随大流的'老好人儿'，到哪儿都吃香。

"话说回来，ADHD治疗的第一步当然是诊断。传统的诊断，麦克妈妈说的没错，需要三天，老师、家长都要参与。很多保险都不支付这种费用，要自掏腰包，而且普通民众羞于进精神科。这些原因加起来，令许多人望而却步。

"美国精神障碍患者达 4000 多万，同比，中国至少有 1.5 亿。当今的社会科技平均每四个月就会更新，人文环境也是日新月异，合作、社交能力越发显得重要。而 ADHD 患者天生缺乏社交能力，他们默默地忍受着来自生活各个层面的持续的挫折和歧视。当他们忍受不了而爆发时，整个社区都陷入痛苦之中。在美国发生的枪击案，几乎所有案犯都是 ADHD 患者。中国恶性案件很少见。但是普遍感觉到人们火气大，家庭成员间、同事间经常恶语相向。ADHD 的孩子长大了是冲动、任性、凭感觉，还是蜕变为成熟、理性、负责任，取决于全社会的重视和努力程度。

"人们在呼唤一种省时、省钱而且私密的 ADHD 诊断方案，政府和有责任感的企业家都出资支持这方面的研发。我们公司的创始人是几位全美知名的、长期致力于研究 VR 技术在精神治疗和康复领域里的运用心理学专家。第一个产品就是用 VR 诊断 ADHD，我们在洛杉矶、纽约和上海都已经开始测试，现在和斯坦福心理系的合作进展得很顺利。我开个后门，你也来测一测？"

"我？ ADHD？我把话撂这儿：这世上的人都成了 ADHD，我也活得倍正常！"

"ADHD 岂是你想得就能得的？你也忒看得起自个了。ADHD 控制好了，是爱因斯坦、莫扎特、伽利略、达·芬奇、爱迪生，还有你的偶像汤姆·克鲁兹；失控了，也是凡·高。哪就轮到你了？"

　　闻听此言，我懦懦地央求小丽："要不赶明儿我去测测？"

　　次日，小丽带我走进斯坦福精神行为研究大楼内的实验室。坐在计算机前，我戴上了 VR 眼罩、耳机，右手握着一个带按钮的手柄。实验员在我的右手腕和右小腿上绑上一个传感器。开始了，我的眼前是一个虚拟的三四年级的教室，黑板上不断出现单个的英文大写字母，如果看到 A 后面跟个 X，就捏一下手柄上的按钮。这期间有鸟儿飞入教室，有卡车隆隆驶过，有外人突然进入教室等情景出现，总之就是要分散你的注意力。13 分钟测试结束，我摘下眼罩和传感器，心理系的教授给我分析测试结果，我越听越泄气。

# 硅谷生物灭蚊

2017年的加州雨水充沛，家院旁边青草满坡，河水欢快地流淌着，引得成群的绿头鸭、加拿大鹅安营扎寨、生儿育女。时不时出现在岸边的一堆堆的羽毛和骨头告诉我，浣熊和狐狸们从山上下来了，它们经常在这里举办"百禽宴"。前院的西班牙式喷泉池也注满了雨水。每当我家老猫急扯白脸地闹着要出门时，我就知道，小鸟们正围着喷泉爬梯。旱了六年的加州终于迎来了万物生长的好年景。

周末的早晨雨停了，我开始清理喷泉池周围零星的鸟粪，忽然发现池里有一团比小米粒还小的生物，一蹿一蹿地飞快地游动。仔细一看，这不是久违的鱼虫吗？我立马穿越到了20世纪70年代初的北京，具体说是西城区三里河。

那时我家和另外三家住在同一个大院子里。同院的王大爷养了一缸金鱼，橘红色的、白色的、黑色的，每条有15厘米长，大眼泡，配上飘逸的大尾巴在水里漂着。鱼缸旁边还有一个长方形的玻璃鱼缸，里面没有鱼，只有密密麻麻的微小生物，王大爷管它们叫鱼虫。每天下班回到家，王大爷第一件事就是用茶碗在鱼虫缸里连虫带水舀一碗，倒到金鱼缸里，欣赏金鱼们全歼鱼虫。这些微小的鱼虫活着的意义，就是被漂亮的金鱼活活地吃掉。

每个周末，王大爷都要去护城河捞鱼虫，有时也会带上他的女儿二丫和我。当年的护城河就是现在的二环路，离我们最近的那段护城河在北京儿童医院的东墙外，东河岸上还有个废品收购站。碰巧我和二丫攒了几个牙膏皮，或铜电线，还可以换个块儿八毛的零花钱。护城河由于多年失修，加上干旱，河流变成一串串水泡子，里面看不到鱼，密密麻麻全是鱼虫。我们很快就能捞一桶，那是金鱼一周的食量。

王大爷小时候常来护城河抓鱼，"抓过这么大的"，他高高地举起他的大手掌说，"你看这老墙多厚实，老祖宗当年用黏米汤和泥砌的。等你们长大了，好好拾掇拾掇，城墙上跑马车，护城河里荡小船儿，才子佳人，好事儿多着呢。"

20 世纪 70 年代初，在那颓墙臭水边，王大爷憧憬的老北京城，令我终生难忘。

"发什么呆呢？"先生问。我告诉他王大爷的故事，他边听边仔细地看喷泉池里的水虫，然后认真地说，"王大爷真牛，那会儿就知道生物灭蚊。这些水虫是蚊子卵，孑孓。我得赶紧给县政府打电话，让他们来处理这些孑孓。"

过了几天，圣塔克拉拉县的工作人员来到我家，他测试了水的成分，放了一块白色的长方形的东西在池子里。

一周后，他又来了，手里提着一个塑料袋，里面有七条灰黑色的小鱼，最大的一条有六七厘米长，其他六条只有三四厘米。他把鱼倒进喷泉池里说："这种鱼叫食蚊鱼，是最有效、最环保的灭蚊方法。"

　　现在每天上午，我都会抱着咖啡杯看着我的小鱼。它们组成编队，在水里飞快地游着，像一支支利剑，所过之处，孑孓灰飞烟灭，水波涟漪。看着看着，我的小鱼变成了王大爷的金鱼，飘逸优雅，与世无争，只当蚊子的"灭绝师太"。

# 硅谷深处论风投

许多来自硅谷的企业家和风投都有这样的问题：硅谷的风投是怎么找到好的项目，怎么决定投哪个项目？

我不是做这行的，但在硅谷生活了近三十年，先生和周围的朋友不是创业的，就是投资创业的，耳濡目染后有了些直觉，只可意会，无法言传。但越来越多的朋友问这个问题，我今天就试着用秃笔描述一下，如果你看不明白，不要砸我的盘子。要怪，就怪这硅"谷"太深了。

中国人做事讲究天时地利人和，美国也不例外。天太高，够不着，就不管了，单论"地利人和"。

湾区的风投们的办公室都要建在斯坦福边儿的沙丘路或是漂亮丫头小城的市中心，便于他们随时溜到斯坦福校园，在实验室或教室和师生们"巧遇"。办公室通常都装潢奢华，前台的鲜花是标配。此乃"地利"。一般说来，不论你来自何方，资本雄厚就可以做到。

风投们一旦找到合适的项目，无论这个项目多么有前途，也不会自家全投，而是吆喝上几家同行共同投资。一方面是分担风险，另一方面是和同行拉关系，以后别人搞到好的项目自然会投桃报李。

硅谷的风投传统上分行业，诸如"硬件""软件""互联网""人工智能""能源环保"。现在行业界限开始模糊，跨界打劫越演越烈，块头小的绕着块头大的，形成了一个个无形的圈子。此乃"人和"。

因为有加州大学伯克利分校和斯坦福大学，美国四分之三的初创企业都产于旧金山湾区。硅谷更是创新家们必争之地。这里的风投们搭帮结伙，关系盘根错节，初来乍到的新人，提着猪头甄摸好几年都不一定找得到庙门。

我见到的最大的圈子是"湾区风投网"，它网罗了湾区的主要银行和几十家资历最深的风投和私募，主要召集人是特斯拉的董事会成员艾拉·伊伦普利斯和IDG（美国国际数据集团，International Data Group）的合伙人飞利浦·安德森。每隔一个月，他俩就组织一次活动，每次活动都有三两家实力雄厚的银行或私募赞助。活动是五花八门。比如把一间小有名气的饭馆包一晚上，大家分成几个小组，跟大师傅学做菜，米其林的风格，做一道，灭一道。或者把旧金山笛洋美术馆①关一晚上，只对圈里的人开放。美食美酒，高谈阔论一番，然后分成小组，跟着讲解员看艺术品。看完了你一准明白为什么越不靠谱的艺术品叫价越高。又或者把旧金山棒球巨人队的场子包下来，让"网"友和家人装模作样过一把正式球手的瘾。最难忘的是去年夏天，他俩在圣克鲁兹的一个私家海湾里摆了百米

---

① 笛洋美术馆（de Young Museum），1895年成立于旧金山内的金门公园（Golden Gate Park）。美术馆以其创始人——旧金山早期报人笛洋（M.H.de Young）先生命名。馆内收藏有17—20世纪非洲、大洋洲和美洲的艺术品。

长桌。洁白的桌布，金色的沙滩，数百个大人孩子围坐在桌子两旁，伸长脖子眺望着碧海蓝天。渔船在众目睽睽之下缓缓靠岸，等候已久的厨师们蜂拥而上，把一筐筐刚捕获的鱼虾蟹倾倒在一溜临时架起来的烤炉上。转过身，撒上盐、胡椒粉，淋上柠檬汁就上桌了。

我一边应付着同桌的一个四十来岁的女人絮叨她那神一般的儿子，一边竖起耳朵听着旁边的几个人热烈地议论是该给某家公司过桥贷款呢还是应该再圈一轮钱。先生说大多数买卖都起于酒足饭饱之后，如果上甜点时还没有默契，那么也就没有后续的办公室会议了。

那么硅谷的风投们是怎么操作的呢？我捕风捉影地摆一摆。

美国政府也和中国政府一样，非常支持创新，但他们支持的对象不是大公司，而是大学。通过发放专项基金，支持那些眼下看上去不靠谱，但十年或二十年后或许会有重大突破的基础科学研究，比如量子计算机。由于研究目标远大，周期长，经常种豆得瓜，产生一些有使用价值的结果，大学鼓励师生将这些成果转化成产品。但是，实验室的成功与生产线的成功之间有一道难以逾越的鸿沟，需要风投至少上千万美元的投入、七八年的耐心，以及企业家能说会道的经营技巧、坚忍不拔的定力来搭桥铺路。在这个阶段投资的风投，99个项目投砸了仍然可以老神在在。但如果一个项目看走眼了，没投，就会捶胸顿足，嚎啕不已。初创公司到了生产线成功阶段，风险骤降。但这时想要参与投资，就没那么容易了。这样的项目早在圈子中人的谈笑间灰飞烟灭了。因此许多初到硅谷的风投们常常抱怨或是找不到好的项目，或是估值太高，下不去手。

　　我常想，美国是全世界孵化创新企业最成功的国家，常年有三万多家科技创新企业。近年来，中国收购美国的成熟企业，这不但价格昂贵，而且往往受到美国政府的阻挠。如果中国的资金投入美国早期的研发企业，特别是那些原生于大学，生存了六七年的，而且还有几项专利的初创企业，然后和中国的制造业对接，产品进入中美两国市场，这将是怎样一幅荣景啊。中美两国的风投和企业家就像两大板块，都有意愿也有能力对接在一起，但在他们之间，缺乏那种既有专业知识，又了解中美两国商业和文化背景的人穿针引线。

　　周日下午，"湾区风投网"包了斯坦福足球场，请斯坦福足球队教练和队员教网友们的小孩踢足球。家长们站在场外，捏着酒杯，激扬文字，话里话外围绕着人工智能和基因工程，个别的调侃特朗普的减税方案。我仔细地打量着他们，试图找出几个可以溜缝的。

# 荷兰教授的中国女儿们

四年前的夏天，闺密托我去给她的新房客送钥匙和迎新礼品。朋友说，新房客是荷兰皇家科学院院士，大名鼎鼎的癌症专家，房租很可观。

我一手拎着酒瓶子，一手抱着百合花就往她家走，远远地看到两个人站在门洞里。男的一看就是荷兰人，高大，瘦削，满头蓬松的白发，一对蓝眼睛，怎么看都像波斯猫。女的除了矮小，和男人没什么区别，连脸上的纹路都一样，怀里抱着一只大耳朵没毛的猫。他俩身后站着一个亚洲女孩。

"我叫芮内·波纳茨，这是我的老板苏菲，女儿晨。"一听就是中国名字，哪里还需要什么花儿呀酒的，一个中国少女立马把我们变成了远亲。我顺风顺水地接受了波纳茨夫妇"喝一杯"的邀请，也是因为晨是高中生，他们想知道社区和高中的情况。这都是我的强项，哗啦哗啦一直聊到主人开灯。从此我们成了近邻和好友。

芮内在斯坦福和基因技术公司做访问教授，苏菲在镇上的一家儿童心理咨询诊所工作。半年时光很快就过去了，初夏的傍晚，我在家为他们饯行。餐后我们围坐在院子里的篝火旁，两瓶酒下肚，芮内聊开了往事。

"1982 年的冬天，朋友邀我去瑞士滑雪。我当时正在忙一篇论文，不想去。他说，免费住在一个教授的度假屋，而且这个教授有个漂亮的女儿。我一听，拎起包就和他上路了。和那教授一打面儿，我的心就凉了。他是荷兰癌症研究的顶级专家，我申请过他的博士生，被拒了。他学术成就很高，但很可怕，他的女儿我躲还来不及呢。我正盘算着怎么脱身，一个年轻女子走进屋来，在我 29 岁的生命中，从没见过如此美丽的女人。我开始找各种理由，在教授家混了一个月。苏菲美得像太阳一样耀眼，我得时刻戴着墨镜。"

苏菲把手从芮内的手里抽出来，脸在篝火的映照下红彤彤的。

"1987 年，我们在波士顿举行了婚礼。我那老丈人指着我说：如果当年录取他，我和他只相处四年，现在他拐走了我的女儿，我得和他纠缠一辈子了。"芮内得意地大笑起来。"我们在波士顿住了七年，苏菲想家了，我们就搬回了荷兰。我开始给老丈人打工，他是荷兰癌症研究所的主任。也许正是因为这层关系，他对我很严厉，我做什么他都不满意。看苏菲的面子，我坚持下来了。现在回想起来，那是一段我在专业上成长最快的时光。"

"在哈佛他已经当上助理教授了。"芮内乘机又握住了苏菲的手。苏菲接着说："我们一直没能生孩子，眼瞅着年纪大了，于是决定领养。我俩上了许多必修课，通过儿童福利监管机构的审查，然后被列入等待收养家庭的名单。荷兰在领养方面有很多规定，其中一条是领养人不能大于 43 岁，而且和被领养的第一个孩子的岁数之差不能大于 40。"

"怕孩子没长大我就挂了，你看我多么健壮。"芮内做出掰腕子的样子，胳膊上的肌肉一棱子一棱子的。苏菲笑着按下他的胳膊。

"我们等了七年，都快绝望了。在芮内 43 岁生日的前一周，我们接到了通知，有一个 3 岁的中国女孩等待领养。我俩第二天就飞往中国江西。你必须得相信奇迹，在地球的那一端，玉，一个中国小姑娘，成了我们的女儿。玉到家后，我没送她去幼儿园，因为她已经在福利院过了三年的集体生活。我和她朝夕相处，她当时讲一口流利的江西话，是个很倔强的孩子，对每件事都用'好'或'不好'来表达。她很聪明，不到三个月就能讲流利的荷兰语了。"苏菲像天下所有母亲一样，说起孩子，你就得耐着性子听。

"大约一年半后，我们又接到通知，玉的福利院新接收了一个 18 个月大的女孩，名字叫'晨'，问我们是否愿意领养。想到玉会有个妹妹，我俩很兴奋，很快又去了江西，带回了晨。玉对晨可好了，她俩差 3 岁，玉像妈妈一样爱着，甚至管束着晨，从读书到发饰，没有她不操心的。晨天性很安静，一切都听姐姐的。"

"荷兰人主要吃面包，她俩都不喜欢，她们很喜欢米饭、面条和酱油。现在她们长大了，早餐都吃面条，不健康，但儿大不由娘呀。"

"有一次我和我婆婆唠叨：街上有人问我这俩孩子哪里来的。我婆婆睁大眼睛，很生气地说，怎么可以这么问？关他屁事！这就是你的女儿，我的孙女！"

芮内说："血脉也不能保证孩子完全传承父母的特征。你生了三个孩子，他们都像你们俩吗？对不对？"

"现在玉已经当了护士，有一天她和芮内讨论基因和癌症，突然说很想知道自己血亲的健康状况。我们也问过福利院，他们说当年警察在派出所大门口发现了玉，她的父母没有留下任何信息。如今，晨都开始了大学生活，我们真的空巢了。"说到这儿，苏菲满脸落寞的样子。

"荷兰的大学容易上吗？"我问。

"她俩好像还挺顺的。荷兰的大学生一般都打工，我不认为大学生应该花很多时间打工。年轻人就应该学习和探索，而不应该为钱而打工，这辈子，你有很长的时间工作。玉交了男朋友，我看不上他，可玉很喜欢他，还搬去和他住。这个男孩子，就爱打水球，朋友都是高中同学，度假也不出国，就住在酒店里，能打场水球就满足了。"芮内无可奈何地说。

"天下的父母都认为自己的孩子最好，谁都配不上。"我笑着打圆场，起身给篝火加劈柴，芮内拦住我，"天不早了，我们明天就要飞了，多保重，荷兰见。"

还没等我去荷兰，芮内应邀在旧金山国际癌症大会做主旨演讲，介绍他最近在《细胞》杂志上发表的一篇文章。"黑色素瘤患者在产生耐药性的同时，也暴露出易感性，"芮内伸出拳头在我面前转了 180 度，"我据此开发了一种新的疗法，到敌人的后方去，从易感性下手，杀死耐药性的癌细胞。"谈起他的研究，芮内像得到糖块的孩子一样兴奋。"开了一天会，我们到海边走走吧。"

"你在这停几天呀？"

"我明天就去南加州，去我的公司开会。"

"你还有公司？做什么的？"

"简而言之就是给早期乳腺癌患者提供检测，其结果决定她是否需要化疗。化疗的过程让人痛不欲生，但目前是根治乳腺癌的有效手段，如果病人挺得住的话。我和同事在 2002 年做了一项研究，我们把人类基因图谱中 25000 个与癌症有关的挨个儿做了研究，发现其中 70 个与乳腺癌的复发有关。这项结果发表在当年的《自然》杂志上。2003 年 Agendia 公司在阿姆斯特丹成立，2008 年在美国建了分公司。过去的五年里，我们给 7000 多名病人做了检测。结果表明，46% 的病人不需要化疗。这不仅给病人减轻了不必要的痛苦，而且大大节省了医疗费用。目前欧洲和美国政府医疗保险已经采用这个检测。"

"中国也需要这样的检测呀，可是中国不容许人体组织出口。"

"我们现在已经把这个检测设备集成在一个小盒子里了"，芮内用手比划着，"理论上在中国国内也可以做这项检测。"

"中国可是个大市场，如果价格合适的话。"我开始给他讲述新出的电影《我不是药神》。不知不觉，我俩走到了 39 号码头，数百头海狮懒懒地躺在海面为它们特制的木排上，享受着游人的关注。

　　"我的实验室有好几名来自中国的博士后，他们也都说该去中国。我这次去南加州的公司，和他们说说这事儿。"

　　不等我接茬儿，海狮们突然大叫起来："欧耶！欧耶！"此起彼伏的喊声撕破了港湾的宁静。

# 从中餐馆的洗碗工到美国工程院院士

"我儿子，生在斯坦福医院，长在学生宿舍区，终还是与斯坦福无缘啊。"香云悻悻地说，"去年一赌气，他不再申请任何大学，直接上了那边的山麓社区大学。"每当我们登上后山山顶，看到山麓边绿树丛中的斯坦福建筑群的红瓦顶时，香云总是如此感慨。

艾米听腻了，"又来了，你夸饭馆儿菜烧得好，难不成饭馆儿就得留你做厨子？"

"香云，社区大学会是你儿子的起跳板。我认识的常瑞华，就是从社区大学生开始，做到美国工程院院士。"

"院士？这可是是工程领域专家的最高荣誉呀！"

"她上山麓社区大学时还在斯坦福大学旁的中餐馆做洗碗工。"她俩不由得啧啧称奇。常瑞华是华人的传奇，但知道她的人并不多。下山的时候，我开始讲常教授的故事。

1994 年，我是斯坦福金斯顿光电实验室主任潘泰教授的行政助理。那年夏天的毕业典礼，我在现场协调秩序。教授和博士生就要列队入场了，我看到教授队列里有个瘦小的女子，黑色的袍子在地上拖了一大截，白皙的面庞，透明塑料框的近视眼镜，浓黑的齐耳短发。哪像教授？于是，我拍拍她的肩膀说："马上就要入场了，学生的队列在那边。"她身后的皮尔斯教授说，"她是教授，常教授！"
"这不是第一次了，"她笑了笑，向我伸出了手，"我叫常瑞华。"20
世纪 90 年代，作为工程院的女教授，常瑞华是斯坦福的风云人物。

当年，金斯顿光电实验室为了营造交流机会，每周五上午 10 点
都在院子里摆上咖啡、果汁、面包圈和奶酪，教授、研究生和工作
人员加起来有百十来口，聚在一起，有吃有喝，海阔天空，我听到
不少关于常教授的故事。

常教授的父亲 16 岁离开哈尔滨到台湾，1978 年中美建交成为
定局，他决定移民美国，这样就可以回老家了。1979 年 4 月，她父
亲回到哈尔滨去看分别了三十年的父母。等他从中国回来，才发现
从台湾带来存在银行的钱几乎全没了。原来，银行在未经他同意的
情况下把钱拿去做期货交易，十天内就输光了他们全家的所有积蓄。
那时，常家已经付了头款，买了一座小房子，如果不能每月按时还贷，
房子就会被银行没收，全家将会流落街头。常教授的父母英文不好，
只能做工钱最低的清洁工。可是，祸不单行，她父亲在柏拉阿图高
中打扫钟楼时，不小心从楼梯上摔下来，从此卧床不起。

顶梁柱倒了，弟弟妹妹们都还太小，作为家中的长女，她不得
不开始找工作。第一份工是在中餐馆，就在斯坦福大学附近。因为
英文不好，她连跑堂都当不了，只能做洗碗工，每小时的工资不到
一美元，但聊胜于无。每天她的工作就是给厨师打下手，洗菜，切菜。
客人吃完了，就收拾他们用过的餐具，擦桌子，然后洗碗。有时候

太忙了，洗碗时都忘了戴手套，从手指尖到小臂布满了血口子。同时，她还去成人学校学英文，就想当个跑堂的，免去洗碗之苦。

我把香云的下巴往上托了托："这些都是当年常教授亲口对我说的。"

艾米指着不远处的饭馆说："别走了，咱去那儿边吃边聊如何？"

我们在屋角儿的餐桌旁坐下，点了一壶乌龙。在她俩热切的目光里，我接着说："后来，她加入了东北同乡会。会里有个叔叔告诉她，以她家的状况，可以申请到助学金，上社区大学。于是她就到附近的山麓社区大学注册。半年后，她的英文就很溜了，在中餐馆也做跑堂。为了贴补家用，她又找了一份周末做输入员的工作，平时白天上课，兼做数学家教，晚上仍然在中餐馆打工。一年半后，她攒够了学分，转学到加州大学戴维斯分校。两年的硅谷生活告诉她，一定要读理工科，最好是电机系，毕业后好找工作。"

在戴维斯电机系，她平均每天只睡四个小时，就像长在实验室里的一棵树，常在实验室打地铺，其实宿舍离那儿并不远。大三结束的夏天，她到惠普做夏季工，工钱是每小时十九美元，比一年半前的收入多了十倍以上。

大学毕业时，她选择了伯克利读博士，主要是因为维纳瑞教授。他是光电物理领域的翘楚，帮助戴维斯建了工学院，其间认识了常瑞华，被她的才华和拼劲儿折服，向她发出了邀请。有机会告诉你们的孩子，申请博士学位前，和有关教授建立关系是多么重要啊！

瑞华博士毕业后进入贝尔通讯实验室，做的是半导体激光阵列应用研究，后来被斯坦福挖走。

"激光阵列精确和快速的特性，使得它在各种复杂的环境下，都能做到 3D 识别。这是一项非常复杂的技术，光是它的应用研究就花了近三十年的时间，现在总算有了突破性的进展。最新款的苹果手机人脸解码，用的就是这个技术。目前最火的自动驾驶，关键是大幅缩短系统判断时间，激光阵列会是下一代产品的核心技术。"作为硅谷的资深工程师，香云的话很有权威。

"是啊，常教授凭借在激光阵列领域的研究成果，当上了伯克利工学院副院长、清华—伯克利深圳学院（TBSI）共同院长、美国工程院院士。2018 年还得到日本工程界最高奖——大川奖，这是国际工程界的殊荣。2017 年大川奖得主是斯坦福前任校长、现任谷歌董事长轩尼诗教授。"

我们三人开始研究菜单，一道强光打在我们的桌上，抬头一看，是餐馆的门开了，近来一个短发女人。由于背光，我看不清她的容颜，那轮廓很像常教授。跑堂的把一个大袋子递给她："您的菜齐了。老板特送您一道当红炸仔鸡。"她接住袋子，递过钱，很亲切地说，"不用找了！替我谢谢老板，叫他不要太辛苦了！"就朝门外走云。"您瞧您，真不好意思，慢走啊您呐。"

"是她！"我连忙冲出餐馆，只看了到她的车尾。

斯坦福主校区建成于 1891 年。设计师奥姆斯特德在影响美国历史 100 人中名列第 49。他综合纽约中央公园和加州大学伯克利分校的设计经验，设计了斯坦福主校区。校区建筑黄砖红瓦，拱廊相接，体现了 17 世纪起遍布加州的西班牙传道堂的独特风格。环绕着这些建筑的是漂亮的花坛和郁郁葱葱的林荫大道，还有常绿的草坪，无不体现了崇尚自然、人文关怀的设计理念。花坛里种的全是加州特有的植物，从参天的棕榈树到四季轮流开花的树丛。几十年来，凡有朋友自远方来，我都和他们一起漫步在深邃的拱廊间，尽管背景和年龄不同，但都表达同一个愿望："一圈儿下来，没别的，就想读书。"

费罗丽（Filoli）庭园坐落在距离旧金山南部约 40 千米的伍德赛德。Filoli 这个名字来自第一代主人波恩先生的座右铭：Fight for a just cause; Love your fellow man; Live a good life！大意是："为正义而战，给同胞大爱，让生活高雅！"怀着"越活越年轻"的憧憬，波恩在房子周围的花园倾注了大量的资金和精力。1922 年最后完工，他刚搬进宅子就中风了，从此只能坐在轮椅上，欣赏花园的美景。他的女儿从欧洲赶来看他，却不幸死在途中。1936 年，航运大亨罗斯夫妇买下这座花园，1975 年罗斯夫人将宅子、花园连同周围约 4000 亩的私人领地，捐赠给了美国国家历史保护信托基金会（National Trust for Historic Preservation）。从此，这座隐藏在山野间宏伟华丽的私人庄园才正式向公众开放。罗斯夫人于 1985 年去世，享年 95 岁。

我去的那天，正赶上下雨，我是第一个游客，偌大的园子，空空的，愧对千姿百艳的鲜花。宅子里的陈设一如当年，漫步其间，总觉得主人就在隔壁的房间里。宽敞典雅的大厅里，有一架三角钢琴，一位白胡子老人入情地弹着。装扮成管家的导游告诉我，几十年来琴声不断，不管有没有听众。

Silicon
Valley

San Francisco
San Mateo
Palo Alto
Sunnyvale
San Jose

PART.4
人在旅途

# 东京一瞥

飞机刚落到东京成田机场的跑道上，我立刻打开手机，一条来自北京朋友的短信让我一头雾水："到东京啦？苍老师结婚啦，日本有什么评论？"

我把手机递给前来接机的朋友。

她大笑："十来个小时的飞机辛苦了，带你去泡温泉，你自寻答案。"

东京的交通拥堵比我想象的好多了，大江户温泉就在东京市区，竟然没有堵车。换上日式浴袍，走进另一个大厅，我傻眼了。所有进入这里的人都要脱去浴袍，从幼童到老妪，什么年龄的都有，十几岁的姑娘居多，她们合伙结伴，有说有笑，赤条条地走来走去，看不出丝毫羞涩。

朋友说："看看这些姑娘，你就知道日本人的态度了。"

雾水成了温泉，我的头发更湿了。

日本国家博物馆展出的日本 13—14 世纪的画，形式、风格、技巧甚至内容都与我前不久在北京故宫看到的元代画家赵孟頫的作品相似度极高。不同的是，日本的画作只有画，而赵孟頫的画被后人的题跋及印章占满了，原画的空白处被填满了，再裱到更大的画纸上。就为了盖印和题跋，经过一代又一代的收藏，赵孟頫的画作看上去倒成了陪衬。

在日本逛街，正值新年假期，街上的女人，无论多大年纪，没有不化妆的。我的毒眼告诉我，她们白皙的皮肤一律是粉底霜的功劳，而美瞳镜和眼睫毛膏则是年轻人的专利。我感觉日本女人逛街不是看东西买东西，而是展示自己。大型酒店里，饭馆的服务生大多是年轻人，但出租车司机和街边小店的店员有不少老年人，穿着整齐、干净，男人的笑容看上去很职业化，而女人的笑容很甜美、很可爱。

在日本买东西，付钱时如果用现金，售货员是不会直接从你手里接钱的，他会递给你一个小盘子，让你把钱放在盘子里，他找给你的零钱，也是放在盘子里递给你，看着你把钱收好，然后笑着说声谢谢。不论是大型百货商场，还是浅草寺的街边小摊，都是如此。街边摊在室外，风很大，钱不能放在盘子里，就摆在台上用大石头压着。找的零钱如果是纸币，也是用大石头压好了，让顾客自己拿开石头，收起钱。

朋友热情大方，请我吃饭的饭馆规模都不小，饭桌间的距离比美国餐厅还大，有的甚至每张餐桌都被屏风隔开。点菜时，服务员蹲在桌子旁边仰视着你，记下你的菜单。我满脸的不好意思，朋友一边接过菜单，一边说：去日式餐馆，服务员都是跪着的。进餐时，服务员就离开了，但当茶杯里的水快见底时，服务员又悄无声息地不知从哪里冒出来，不是给你加水，而是把空杯子撤下，重新上一杯。

　　我的朋友在中国生产一种日用化工产品，专门销往日本。她说她整整花了五年时间才在日本找到客户，在日本开拓市场很辛苦，可是一旦开始了，就很稳定，像她这样的日用化工品可以是一辈子的生意。一般日本人都很守规矩，朋友给我讲了一个故事：当年政府颁布了垃圾处理新规定，她作为代表去听传达。回来后她向邻居们转达并演示，她当时就觉得有的步骤可能做错了，因为那样做不合理，但邻居们没有任何异议，全都按照她演示的步骤去做。四年后她搬到了另一座楼，百分之百地肯定自己那时转达了错误的信息。二十年后，她回到那座楼，居民换了好几茬，可垃圾处理的步骤还是她当年搞的那一套，分毫不差。

　　细细的雨丝从灰暗的天空飘落，白墙灰瓦的低矮房子围着窄窄的巷子，慢慢移动的油布伞下，是两个穿着青色和服的女子，木屐"嗒嗒"地敲打着石板路，前面拐角处莫非也有云一般的丁香？

# 心动宋庄

宋庄不是一般的村庄，它擦着北京城的东边，没有高楼大厦，一水的平房摊了一大片，没有田地，却有几座博物馆。这里是北漂艺术家们的聚集地。

闺密说："没去过宋庄还好意思谈当代艺术？"于是，一个晴朗的冬日，她带着我拐进了宋庄的一家饭馆。我闺密的画画老师和他的夫人如约而至。

老师点了一盆臭鳜鱼，拧开自酿的浑浊的酒，拉开了架势："中国什么事都分体制内和体制外，两者的价值观肯定不一样。体制外的艺术家以上电视台为耻，以参加全国美展为耻，以入美协为耻，死扛着，过很穷的日子。很多人的作品都是批判主义，我们含蓄地批判着现实，从不唱赞歌。我自认为是思想家。"老师一开腔，就像堰塞湖决口。

"您听说了吗？最近有幅画拍到了一亿元。"

"我一哥们，他的画拍出了1000多万，落到他兜里的只有80多万。拍卖的画，十幅里九幅不靠谱。这就叫'做记录'。比如你拿着10万的画，到拍卖行说：老板，商量一下，这幅画，给你几万块钱，我在你这里转一下，卖多少你甭操心。拍卖行老板当然不会拒绝，白捞好几万呀。拍卖那天，底下就呼噜呼噜举牌子起哄，一会儿就拱到上千万，你以为买家真出钱？哪的事呀，都是在那儿自嗨呢，完了，拍卖行那里就有'记录'了：某某人的画突破千万。之后，这幅画或被拿去银行作抵押贷款，或几百万卖给'捡便宜'的收藏家。击鼓传花，就看有没有下家了。"

"怪不得"，闺密说，"我认识一个富二代，老爸使足了劲，终于在一个著名的艺术品拍卖行找到了一份工作。第一天上班，咘，头儿扔过来一个大本子，告诉他说，你去清债吧。这傻钵依就挨个打电话：'唉，我是某某拍卖行的，你是那谁谁谁吗？你欠了我们拍卖行多少多少钱，啥时还？'电话那头就问了，'您谁呀？''我新来的。''哦，怪不得，先问明白了再来烦你大爷。我们在您那儿就是走一个账，谁和你来真的？跟你们头儿说，有你这么愣的，下回爷还真不伺候了。'这孩子还挺执着，一个月内，照着名单，挨个打了一溜够，琢磨着，怎么许多欠债人都是当代名画家？后来明白过味儿来，他们全是自个拍自个儿，呆账，根本要不回来。这小子现在自己开画廊了。"

画家说："在中国艺术品市场，几百、几千块的低端货好卖，十万左右的很难卖，这档的画在国外好卖，人家那儿中产阶级多呀，一幅画，看着好就买了，交费了，就像我点个菜，我吃了，享受了。中国哪有中产阶级？除了老板就是打工的，公务员、央企员工，算是中产吧，你觉得他会花几万去买张画吗？高端画都是有故事的，大款买画是投资行为，买回去就唠叨，这画家咋还不死呀，死了我这画就升值了。我呢，凭本事吃饭，画画是力气活，画上一两个月的画，卖几万块钱，对得起我自己，也对得起买家。"

"如果有人给您出个题目，让您按题作画，您干吗？"

"我绝对是主动创作，没有创意就没有作品。"画家一脸正色。

闺密恨恨地扫了我一眼："师傅，您怎么看行为艺术？"

"搞行为艺术，首先你要很有钱，还要有深厚的学术知识，有很多评论家为你写文章。还要持之以恒，一个东西要做好多年。这期间你都不挣钱，如果你没钱，就得有个机构、基金支持你。"

"师傅，我好久没来您这儿画画了，很想看看您的近作。"

"那就去我家吧。"

分外透亮的天空，觅食的母鸡，坑坑洼洼的黄土路，让我真实地感受到了村庄的味道。

师傅家是一溜三间大瓦房，房前是四五米宽的院子，一个巨大的条案占了大半个院子，上面摆着师傅的雕塑和陶艺作品。

"开暖气，开暖气。"师傅一边忙活一边说，"今年全改成电暖气了，烧柴火、点煤炉儿都是违法的。这电暖气老贵了，走一个字，白天五毛，晚上一毛，如果不是贵客到，我白天都不开，烧一会儿，就暖了。这两幅是我最近的作品，人世间的事没啥好表达的了，我准备画个动物系列。"

这两幅画都是一米见方的油画，斑马的身子隐在草丛里，画面上全是肥硕的马屁股。有头驴大脑袋、小身子，长短不一的腿，让你忍不住要去扶它。

闺密说："我很喜欢，这个系列我收了。"

晚上，闺密在家里为我饯行。我和闺密一边品着饭后甜酒，一边讨论那幅驴画该取代墙上的哪一幅。壁炉里热烈的火苗映红了闺密的俏脸。

她的小女儿突然跑过来："妈妈，咱家太热了！"她推开了窗子，一股清冽的风穿堂而过，舒坦。

# 西雅图生死路

四年前，我和一个旅游团到西雅图。在从机场开往市区的大巴上，导游娓娓地解释着西雅图的别名"翡翠之城"。公路两旁是能拧出水的一望无际的绿，令我这看惯了加州黄土高坡的人动容，从此开始思念。

今年10月初，我和几位朋友又来到西雅图，导游扯着嗓门问我们一个问题："各位有谁知道西雅图为什么总下雨？"

被时差折磨得不成人样的我们懒得搭茬。

"不知道吧？那是因为西雅图的天空总被两朵云压着。"看着大家没反应，导游突然大笑起来，"这不是一般的云，这是亚马逊云和微软云，云计算的'云'。"

一车人都被他逗笑了，到底是国内的精英，大家开始讨论目前国内最热门的话题：云计算。

大巴缓缓驶入市区，一座座簇新的明晃晃的摩天大楼插在市中心。以往无论从哪个角落都可以看到的瑞尼尔雪山，现在成了少数高级公寓的卖点。随处可见的在建大楼还在不停地刷新人们的观感。

导游指着一座新楼说："瞅这儿，两室两卫的公寓租金3700刀，没一周就光了。西雅图的房价就要赶上旧金山了。"他自豪得满面红光。

"西雅图著名的动物是什么？"导游又开始卖关子，"告诉你吧，三文鱼，特像咱黑龙江的马哈鱼。<sup>①</sup>当下正是三文鱼洄游的季节。西雅图东边有个小城叫伊萨夸，每年这个时候，大批三文鱼聚到那里，今天可巧儿是三文鱼节，我们去看看？"

大巴在高速公路上行驶了大约 20 分钟，来到伊萨夸。窄窄的街道两旁布满了临时搭起来的白色布棚子，一眼望不到头。每个棚子下都有一个卖艺术品的小摊，隔三岔五的是卖食物的难，走着走着还能碰上杂耍的。有一座台子，一群爵士乐手在上面自顾自地陶醉着。走了十几分钟，浓郁的焦糖爆玉米花味道扑面而来，我们每人抓了一包，像孩子一样地幸福着。

导游说，前面往左拐，走到木桥上就可以看到三文鱼了。

我们跟着导游穿过一个小广场，哗啦啦的溪水声把我们带到了一座木桥上。往下一看，小溪也就十米宽，水很浅，不到 15 厘米深，水里挤满了三文鱼。每条都有大约 60 厘米长，它们穿过桥，奋力向前游。而前方离桥大约 20 米远处横着一条大坝，被截断的溪水发出哗哗的水声。坝前，三文鱼前赴后继地跳出水面，试图越过那水坝。银色的鱼儿像一把把利剑不断刺向蓝天，又不断折戟而归。围观的

---

① "三文鱼"为拉丁语"salmo"（意为"上升"）音译，与大马哈鱼同属"鲑科"。鲑科鱼类多具洄游的习性。目前中国国内日本料理店常吃的刺身一般是指产于挪威的大西洋鲑，日常所说的"三文鱼"也多指大西洋鲑。

人们随着跳出的鱼儿欢呼着。

我的同伴说，"敢情跳龙门的不只是鲤鱼。"

我问身边的一个当地人："为什么要把这些鱼截在这里呢？看样子没有鱼可以跳过这个水坝，它们哪儿去了呢？"

他手往桥左边一指，"都游到那里了。"

我们顺着他手指的方向走到一个被铁丝网围起来的巨大的水泥建筑物。进里面一看，原来是长长的拐着弯的水泥渠，连着一个巨大的水泥池，池里面挤满了三文鱼。它们此起彼伏地跳出水面，在空中翻个身，又无奈地落入水中。水泥墙上有许多一米见方的玻璃窗，可以看到三文鱼挤来挤去，互相冲撞。我看到很多鱼身上都有伤痕，有一条鱼下巴的皮被撕裂，仍在不停地撞击玻璃窗，那块皮随着它漂来漂去。我的心抽住了，不由得摸了摸自己的下巴。

玻璃窗旁边站着一名自称是当地志愿者的中年壮汉，他手里拿着一块半尺长的木板，上面插着五个玻璃试管。

他说："这里可以看到三文鱼孵化的过程，第一个试管里是刚生出来的鱼卵。第二个是 30 天的鱼卵，可以看到眼睛了。第三个是 55 天的，可以看到鱼卵变大了。第四个 80 天的，小鱼破卵而出。第五个是 120 天的，看上去有了三文鱼的模样。大约一岁的时候，小鱼会游向北太平洋，最远可以到达日本海。不同的三文鱼在海里生长的时间不同，二到四年不等，长成后，历经沧海的它们就游回出生地。这时的三文鱼带着从海洋获取的营养和能量，是陆地上所有动物期待的美味。它们一进入淡水领域，就不再吃东西，雄鱼嘴上甚至长出钩来封住嘴。它们一个劲地逆流而上向前游，待游到它们出生的水域，雌鱼会选水浅、透光好的河床，然后摆动身体，在河床做四到五个窝，在每个窝里生下400—800颗卵。随后，雄鱼在每个窝里撒下精子，再用身体把周围的沙土和腐殖物搅起来盖在这些受精卵上。雄鱼雌鱼把自己的孩子安顿好了就会绕着孩子们的窝，拖着精疲力竭的身体慢慢游动。不久它们的灵魂带着完成了生命周期的骄傲升天，身体则守候在窝边，成为孩子们最有营养的第一餐。"

我的同伴指着那条在他身旁矢志不渝地撞着玻璃的鱼问："经历了千辛万苦回到这里的三文鱼怎么就这待遇呀？你看它多痛苦啊，你们为什么要把这些鱼圈在这么拥挤的池子呢？"

志愿者说："凑合过了这两天，下周二我们就会把这些鱼一条一条捞出来，先重击它的头部，把它打昏，随即剖腹取出卵子和精子，放在塑料桶里混在一起变成受精卵，然后放到孵化器里孵化成小鱼，再放回大海。"

"那这些鱼肉呢？超市上卖的就是这些鱼肉吧？"

"这些鱼肉会被加工成动物饲料，因为这些鱼在淡水里待的时间太长了，身体里有很多细菌，不适合人类食用。"

"那山里的狗熊和鸟儿们不就吃不到了吗？"一个小男孩问道。

"这老美也忒狠了点吧，宰鱼取卵还取精！"

　　不料那厮竟然懂中文，他说："我们这样做也是不得已，三文鱼是大自然几百万年的造化，在我们这一代人几十年中就被破坏殆尽。100年前，三文鱼有100多斤重的，可见有些三文鱼一生不只产一次卵。现在再也看不到这么大的三文鱼了。许多种类都已经灭绝，数量不到50年前的3%。为了挽救三文鱼的颓势，南面的俄勒冈州恢复了4000多千米长的河道原貌，东面的爱达荷州博伊西城深入内地1000多千米，高于海平面2000米，谁会想到这里一直是三文鱼的老家？每年这些三文鱼跳过了多少激流险滩，逃过了多少劫难才能洄游到这里。可是十年前，只有三条鱼到达博伊西城，爱达荷州毅然把建在三文鱼洄游河道上的8座水坝炸掉，恢复河道原貌。我们这样人工孵化的成活率是95%，而自然孵化不到5%。像我们这样的三文鱼孵化场，西雅图周围有几十家。"

　　我实在听不下去了，冲到伊萨跨溪边，看着那些奋力前游的鱼。如果我懂鱼的语言，我会大声喊，"回头吧，一个傻瓜正等着要杀你们。"

　　一个老头穿着红格子苏格兰裙，吹着风笛，缓缓地从我身边走过。呜咽的笛声在河面上盘旋。此情此景，令我倍感凄凉。

　　在返回西雅图城里的路上，导游又开侃："我们美国人有强烈的环保意识，西雅图为了保护三文鱼，100年前就修了巴拉德水闸。"

　　"得了吧您，那闸是100年前修的不假，但为的是降低华盛顿湖的水位，腾出地界造房子。这闸绝了多少三文鱼的洄游路，在闸旁开鱼道是 50 年前的事。"大巴司机搂不住了开始反驳。

一车人都没吭声，长江、珠江、黑龙江，此刻正在我们心中澎湃。

晚餐安排在一家本地特色的小饭馆，以烹制三文鱼而远近闻名。两个月前就订的位，没法改。同伴们全都点了鸡。

# 欲望都市旧金山

当秋风吹落了最后一片枫叶，旧金山独有的珍宝蟹捕捞季就开始了。我和三个无话不谈的女友，相约去码头截一只打捞船，挑四只最肥的，然后一边吃蟹，一边演绎旧金山版的"欲望都市"。

小丽拥有一家在北京的公关公司，前不久她在这儿买了一套海边公寓。每天被俊男美女围着，审美疲劳了，就飞到旧金山。小丽常常穿着精致的、得翻开衣领才看得出牌子的、一般这个年龄的女人都避之不及的紧身衣，她的化妆包里只有睫毛膏和口红。

梅云在部队文工团跳舞跳到转业后，来旧金山开了一家舞蹈学校。白天教小孩子民族舞，晚上给中年妇女洗油腻，从芭蕾到模特台步，应有尽有。她高挑瘦溜的身材，一丝不苟的云鬓，无论到哪里都牵着人们的目光。

然然是硅谷小城的房地产经纪。近几年很多中国人来这里买房，一不留神，把她推进美国销量排行榜头五十名。然而，在华人圈里，她最为人知的是某个交谊舞大赛的冠军。平日里周旋在各种炫目的派对中，若和她谈到房子，百万以下的都不好意思开口。

"旧金山外捕蟹船，一片汪洋都不见，知向谁边？"梅云低吟着，我们四人在海边的咖啡馆坐下来，每人捧一杯冒着热气的拿铁，边喝边聊。四女坐在一起，八卦此起彼伏。

然然："AMC 电影院演冯小刚的《芳华》，你们看了吗？"

小丽："还说呢，周六就去了，买到周一晚上6点的票，出了放映室，外面乌泱乌泱挤满了等着看 10 点那场的人。盛况堪比吴京的《战狼2》，就这两部片子，王健林就够本了。"

"这部片子真把我给装进去了。20 世纪 70 年代部队文工团的演员，在社会上比现在的斯坦福学生都牛。那才是名利场的顶端，团员们谈笑间樯橹灰飞烟灭没商量。我一边看一边掐自己，庆幸那个时代已经过去了。"梅云一边揉着胳膊一边说。

小丽："旧金山华人市长李孟贤昨晚突然去世了，说是心脏病突发。"

梅云："听说晚上 10 点多，他去超市买东西时昏过去了，没救过来。有啥不可以等到第二天？他可是市长唉，说没就没了，真是不可思议。他的一些做法我也不大赞成，但就凭他是美国主要城市的华人市长这一条，我就无条件支持他。"

然然："市长也得吃饭，他不去买，谁给他买？"

小丽："这话从你嘴里说出来一点也不奇怪。上周我去一个派对，一进门就看见一帮大姐围着咱们然然，津津有味地听她大侃'驭夫术'。一个大姐懦懦地问：'半夜孩子哭了要喂奶，就真的不管？'然然嘴一撇，'你老公干什么吃的？'瞧那大姐愕然的样子，我赶紧拉然然出来，免得她带坏了良家妇女。"

　　然然："我老公这么宠我，不是我训的，都是他欠我的。20世纪90年代，我和他谈婚论嫁时，他妈死活不同意。他们家是老侨，有些家底，那时大陆来的女孩都穷。他妈认定我是冲着他的家产来的，把订婚戒指藏起来了。我们俩后来还是结了婚，顺带着和他妈结下了梁子，他且得拆呢。现在从国内来的女孩，你说她啥我都信，但你说她穷，打死我也不信。这才二十年呀！"

　　梅云："现在房价这么高，国内还有人来这边买房吗？"

　　然然："今年少多了。国内的钱出不来，加上特朗普的税改，加州房地产投资的热乎劲儿该过去了。我前几天去一个金融机构办的年会，谈到在中国投资，一位世界知名的金融大佬说，中国的基建搞得差不多了，该翻篇了。电池、清洁能源、环保将是重点关注领域。"

　　小丽："马后炮，聪明人早就布局了。今年入冬以来，北京的蓝天比往年多多了，如果再下几场雪，我就把旧金山彻底忘了。"

　　我："国内的变化真是太大了。"

　　小丽："我觉得特朗普减税通过后，美国会有很大的变化。"

　　然然："是啊，利息和税收是美国经济的两条大纲，税收有三十多年没大变了。如今特朗普加息带减税，如同吸金大法，明年这儿外资外企会增多。美国经济很可能过热，其他地方就很难说了。"

　　我："这个税改将对加州、纽约州和新泽西州这些传统的民主党票仓带来冲击，三年后如果民主党的总统上台，还得改。"

　　梅云："快看，船进港了。"

　　众目睽睽之下，船靠了岸，螃蟹渣都没看见。一问，说是今年的螃蟹肉没长满壳，商业捕捞延后。四个老饕仰天长笑，转身直奔中国城去也。

# 从硅谷游到肇庆的"海归"

肇庆七星岩像一个巨大的山水盆景，四十年前我在挂历中看到它，从此开始了思念。如今我徜徉在七星岩湖畔，成群的锦鲤向我游来。

"你想喂鱼吗？"

我回头一看，竟然是我在硅谷的邻居丹尼尔。他手里拿着一包鱼食，一脸灿烂的笑。

"好久没见啦，你怎么会从这里冒出来？"我问。

"我去年 MBA 一毕业就回广东了，已经在广东理工学院工作大半年了。"

他乡遇故知的喜悦把我们俩带到湖畔的咖啡厅。

"你当教授啦？"我问。

"开玩笑，没有博士学位怎么可以当教授？但我觉得我干的工作比教授还有意思。"丹尼尔说。

"咦，你做什么呢？"

"广东理工学院是所私立大学，校董有很大的决策权。他多次去硅谷，希望把硅谷的元素引入学校。他说大学不仅仅是教室和教授，还应该是激发学生创新的小社会。很对我的路子，我就跟着来了。在他的支持下，我还真干了点事。"

"说来听听！"

丹尼尔掏出手机说："这学校有两万多学生，光交水电费这单事，就得十来个人管。我在硅谷的那所大学，从注册、缴费到选课，全都可以用手机搞定。于是，我召集几个计算机专业的学生搞了这么一个 App，在原来学校那些功能上面，增加了社区信息和社交功能。现在我们学校所有的业务都可以在手机上搞定。厕所堵了，路灯坏了，学生们随时可以用手机上报，很快就能解决。我建议校董把学校大门附近的建筑拆掉，做成一个大广场，学生身处宽敞的空间才能有长远的眼光。目前这个项目正在进行中。穿过市区，一进我们的校门，顿时豁然开朗，那气场，有空你也来感受一下，不亚于斯坦福的大草坪。"

"你就吹吧，哈哈。"

丹尼尔继续说："汗水能洗去学习的疲劳，我特信！在我的建议下，校董投巨资做了一个钢梁和玻璃幕墙为主体的健身房，全部由学生打理，那些经济困难的学生有了勤工俭学的机会。健身房在学校的主路旁，学生们来来往往时可以看到里面的人健身，久而久之越来越多的人加入了健身的行列。我估摸着很快就要开第二座健身房了。你记得穿梭在斯坦福校园的玛格丽特巴士吗？我们学院也有这种巴士了，只不过我们的巴士是全电动的。"

"看把你美的。"

"接下来这件事，连我都觉得有点出格，没想到校董还是同意了。我们刚建立了一个电子竞技研习室，学生们可以堂而皇之地打游戏。校董说奥运会都在讨论把电子竞技作为比赛项目，我们要敢为人先。这些事看似都与理工教学无关，但三天两头的学校里头出点新鲜事，这样的氛围里，同学们不想创新都由不得。"

"是啊，我这回回来，到处都听到人们在讨论创新。"

"创新在我们学校不只是一个议题，而且是实实在在的课程和实践。我们现在有一座大楼，专门用来做创新课程和实验，里面有我们学校师生和外界合作研发的机器人、3D 打印设备，学生们只要想到了，就可以用 3D 设备打出来。最近我们的学生根据声学原理设计了一个不用电的扬声器，外形就像 30 年代电影里的留声机，一个喇叭接着一个盒子，把手机插到盒子里，音乐立刻放大好几倍，就像开了电喇叭一样。"丹尼尔滔滔不绝。

我不停地看表，冬日白天短，我可不想把时间都耗在咖啡馆里。

我对丹尼尔说："1985 年，我出差到广州，得闲一天，打的在肇庆一天游，花了我 210 块的车钱。那时我一月的工资才 56 元。这是我这辈子最豪华的旅游。我觉得值，因为在这美景前，我突然发现了中国山水画的精髓。"

眼瞅着太阳要下山了，这是照相的最佳时段。我向他告辞。

在回广州的高铁上，丹尼尔打来电话，云山雾罩地继续描述他的宏伟蓝图。我一边听着丹尼尔兴奋的声音，一边想：近年来，广东省有很多单位都去硅谷开展招商引智活动，演讲人列出一大堆广东的优势，反复强调广东的经济总量占中国的十分之一①，经济体量和俄罗斯不相上下，是中国经济最活跃的省份等等。而硅谷的人却说，这些代表过去和现在，我们想知道的是未来，谈未来就离不开人才，离不开教育。一说到教育，广东人就卡住了。其实广东有150多所高校，再加上丹尼尔，以后再介绍广东，我定能胸有成竹，特别是参观了几所理工大学后。

———————————

① 2015年广东地区生产总值突破7万亿元大关，达到7.28万亿元，约占全国各省市合计的十分之一。

# 六六成了大夫还能六六吗

名作家从鲁迅到冯唐，都是离开医学院当作家。六六反着，在成了名作家后，叩开了医学院的大门，不仅在课堂上课，而且还遍访名医，拜师学艺。

去年她来到旧金山湾区，我闻讯后立刻赶去看她。六六站在开满月季花的拱门下，白衣淡裤，圆脸圆眼，一头卷发，大老远的就冲我招手，活脱脱一只萌萌的招财猫。

六六热情有力的拥抱，让我倒吸了一口凉气。她松开我，倒退两步，上下打量着我，问：

"你是不是这儿不舒服？"她指指我的胸口。

我无奈地点点头。"老毛病了，最近常胃疼。看了几次大夫，各项检查指标都正常，弄得我好像是装的似的。"

"见不得你这种假西施捧心的小样儿。"六六戏谑的水平简直达到了有恃无恐的地步，令我哭笑不得。

她抓过我的胳膊，在我的手腕处既揉且捏。她的劲道可真大，我开始吱哇乱叫。过了一会儿，六六松了手，我住了口，甩甩酸胀的胳膊，深深地吐了一口气，胃疼的感觉竟随风飘散。"你胃痛是肝脾虚寒、胃气阻滞所致。现在骨正筋柔，气血以流。你这中国胃，以后吃饭别老就着冰水。再痛时自己左右手倒着，狠掐内关穴。"她又拎起我的胳膊，指着内腕上揉捏过的地方。我一边揉着内关穴，一边问："你的这双回春妙手何时修炼成的？"

"好几年了，受不了你这刨根问底的劲儿。你是不是要问我为啥学这个？文思泉涌的时候，我一连敲上大半天都不动窝儿，几年的工夫，浑身都不得劲，我开始看大夫，中医让我恢复了健康。我也久病成医，迷上了中医，现在已经是医学院的学生了。"

我不由得想起了六六以前说过的一句名言："成名成家者一定有显赫的家世，不凡的经历，活得长久。"第一条从未听她谈起过，第二条她是占足了，第三条她正实践着。

那天屋里坐着一大帮人，大多是六六在中欧商学院的同学，以往的风花雪月、商场驰骋，换成了中医。六六忙着诊疾治病、答疑解惑，脑门上一层细汗，声音依然透着充足的中气。

后来，我一直谨遵六六医嘱，避凉趋温，偶尔胃痛时就狠掐内关穴，好一阵子了，胃痛病没有再犯。当收到六六要来湾区的微信时，我急忙提出摆个谢医宴给她接风，六六答应晚上六点到。

我和六六的朋友们在饭店恭候她，这些人除了我，从20世纪末就开始追随六六的文章。那时，她在新加坡主持"中国性爱论坛"，名字很花哨，其实是一个文学网站。六六每天都在坛子发一篇文章，给海外华人枯燥的文化生活吹入徐徐清风。这个论坛在湾区吸引了很多粉丝，后来更名为"湾区华人论坛"。

"每天读六六的文章，是理所当然的事啊。"

"是啊，如果哪天断片儿，我都上不了床。"

"她可以一边聊着盐焗鸡，咽着哈喇子，一边敲着剧本。"

"照那谁的话儿，不是她在敲键盘，而是字儿把着她的手指头，她想停，可手不听她使唤。"

大家七嘴八舌地地聊着六六。

眼瞅着六点半了，六六才搀着一个和我年龄相仿的女人走进餐厅。"对不起，对不起，我们开到半路，她就吐了，不得不找个附近的酒店停了会儿。我给她扎了一针，她觉得好些了，我们才赶来。"六六一边说，一边安顿那位女友坐下，她的头顶上赫然立着一根金黄色的针，六六捻了捻那针，我招呼服务员上菜。

"介绍一下，我的这位朋友的老公姓伊，明明是按大房的礼进的门，却始终被称为姨太太。"六六的话又靓又俏，大家哄堂大笑。

我端起酒杯："六六，我都忘了胃痛是什么滋味了，谢谢你！"

六六刚举起酒杯，对面的老刘站了起来："且慢。去年你给我正脊后，血压真的正常了。可一个来月后，我又不得不开始吃降压药了。"

"你瞧你那样儿，站不直，坐不端的，能保持一个月就不错了。六六，别理他，干！"老刘的老婆快人快语，老刘对着老婆挤了挤眼，树起了大拇指。

酒过三巡，热菜上桌。六六指着西芹炒百合对伊太太说："这百合可属升糖快的。"

"六六，你说你要学中医，我以为你说着玩呢，敢情你是真的钻进去了。"

"这几年学下来，我现在针灸盒随身带，和我在一起，不用担心突发状况，不可能出人命。"六六抿了一口酒，我夹起一块鲍鱼放到她的盘子里，六六用手捂住盘子。"我现在晚上不大吃东西，减肥是我永恒的信念。"六六说罢，大眼睛向上一翻，大笑起来。

"六六，我要的山楂你带来了吗？"

"没有！现在国内的中药材质量很不稳定，甚至还掺假，而且分类马马虎虎。这也是中医逐渐势弱的重要原因。中药很讲究产地，一方水土养一方药气。比如我说山楂，那非得是福建产的南山楂。半夏得是法半夏，炮制的方法不同，药效跟普通半夏根本就不是一回事儿。我说的附子呢得是江附子，四川江油的特产。至于川芎，勉强可以扩大到整个四川，但川外的肯定不能入我的药。"六六如数家珍。

"你对中草药这么挑剔，还怎么在中国行医呢？"

"说的是，我现在治病，首先用手法，点穴、推拿和按摩，如果是急重症，就用针灸。很少开药方，原因嘛，我刚才讲过了。"

"有时候头疼脑热的，吃两片西药还就是去得快。"

"跟您这么说吧，咱小时候都用过西药，这霉素，那霉素的，现在全喂牲口了，还有人吃吗？张仲景的'桂枝汤'解肌发表，调和营卫。从东汉到现在，1800年了，折腾了多少过儿，照样儿好用。"

"您说中医能治癌症吗？"

"我知道有人尝试不用西医的方法，也就是说不开刀，不做化疗和放疗。他们用另一种缓和的方式在不损害身体正常机能的前提下，和癌共存，瞅冷子给癌症点颜色看看。具体好像是每天喝11升温开水，什么都不吃，走10公里路。第一天累，第二天苦，第三天开始麻木，坚持到第七天，癌细胞比正常细胞嫩，娇气，生长快，更需要营养，所以会比正常细胞先饿死。杀敌无数，自弱七天，值了。"

"照你这么说，癌症不是事儿？"

"这么说吧，你照我说的去做，癌症就很难找到你。中医博大精深，意体双修，老祖宗的规矩轻易别破，比如保持神清气爽，不吃苦的、臭的，只吃鲜的、香的，像今晚这一桌菜要是午餐就更好了。"

不知不觉，偌大的饭堂只剩下我们这一桌了，大家都不愿离开。六六对站在暗处搓手的伙计摆了摆手，"咱们还是挪地吧，人家要下班了。"

大伙儿拥着六六往外走，"伊太太"头顶的针在昏暗的灯光下熠熠生辉。

# 冯唐的理想照进现实

北京变化大，但北京饭店还是四十年前的样子，成了我和朋友约会的地标。四月的北京，连着两天晴空万里，于是我约筱东在北京饭店大厅见，然后一起去看她的老北京四合院。我俩寒暄了没几句，就看到一个高个子男人，笔管条直地向我走来。身形好熟呀，他背着光，走近一看是冯唐，头脸刮得倍干净，泛着青光，看上去比以前更俊朗了。我们立刻沉浸在不期而遇的快乐中。我问冯唐："头发都剃光了，怎么不待在夕照寺呀？""我现在常在九号院，就在十五楼，"他手朝上指了指，"有空上去喝杯茶？""巴不得呢。"我和筱东跟着冯唐进了电梯。走出电梯门，迎面的墙上是一幅深灰色调的大宅门的剪纸画，旁书三个大字："九号院"。冯唐迎着我疑惑的眼神："这剪纸画是协和医学院的大门，地址是东单三条九号院。想当年，我每天都要穿过这个大门。"

进门就是一个大厅，贴墙分布着酒柜、书架和一张雕花的贵妃榻。"整个九号院的布置是模拟我们当年的宿舍环境，只不过是比宿舍大一些。你看这灯，和当年的一模一样。这贵妃榻是模拟医生休息室。"冯唐如数家珍。

　　几扇巨大的玻璃窗全朝北，临窗有两张桌子。冯唐为我和筱东拉开桌边的椅子，然后摆上了三只玻璃杯，冲进热水，茶叶们上下跳着，叶芽舒展开来，顿时香气袭人。"咦，怎么不用建盏了？""这明前新茶自然要用玻璃杯喽，可饮，可嗅，可观。"

　　"协和医学院从1917到2017年，有2000多人毕业，现在还剩下1000来个。因为人少，没人张罗校友会的事。当年我是协和的学生会主席，老同学们就撺掇我起个非官方校友会，总得有个可以聚聚的地儿呀。我就以协和为中心，方圆一公里找遍了。这北京饭店十五层，是我能找到的长安街沿线二环以里的制高点。几下一商量，把两间会议室打通了，装修成现在这个样子。我们这是一个非官方校友会，号称'九号院'。这里的常客大都是1998年的协和毕业生，九号院是我们心归所处。"

　　"窗外的风景真好。"筱东说，"你看，右手边那个白绿瓦相间的大屋顶就是协和医院的主楼，左手边这片金色的屋顶就是故宫。"

　　"皇帝也离不开医生。"我喃喃道。

　　一杯茶后，筱东提议冯唐带我们转转。冯唐带路，"这四个房间用来作疑难杂症的多学科综合健康咨询，这里的通信设备，便于大夫和病人或者和国外的专家远程通信。协和的每个科都非常强，但有的疾病需要两三科以上的大夫会诊。比如说心脏病，时间长了，一定也会有肺病。置备这些主要是因为我有很多朋友找我要协和的专家号。凡是找到我这儿的人，病情都不简单，我求我的医生朋友们，一次两次还行，时间长了，这份人情我搭不起。于是就在九号院隔出这四个小间，向我开口的朋友们都有经济实力，也愿意一次支付几个专家的费用。他们在别处看了大夫，对结果或医疗方案不明白，不放心，可以来这里寻求第三方意见。要声明的是，我们这儿可不是医院，其实干这事是不挣钱的。建这个九号院，都是我出的钱，找我的人太多了，欠了太多协和大夫们的人情。钱我可以挣，主要靠拍广告和版税，但人情我还不起呀。大夫们每天要看七八十个病人，还得抽时间照顾我介绍的朋友，我实在不忍。迄今为止，有一二百个协和校友来过九号院了，他们个个都是三甲医院的专家级的大夫。"

　　再往前走，又是一个厅，摆着几排罩着白布的椅子。冯唐说："九号院的第三个功能是医疗教育。大多数国人的医疗知识几乎是空白，更别提有多少人被误导了。百度你敢信吗？一搜就出来很多软文，真假参半的，别说普通老百姓了，就是大学硕士博士，不是干这行的，也无法判断。靠谱的、严谨的医学知识是非常缺乏的。到什么程度呢？比如乳房里有个肿块，到了医院就给你做钼钯，做的时候，乳房被挤压，非常疼。西方女性乳房是很硬的，适合做钼钯。东方人，付得起钱，应该做 MRI（核磁共振成像）。可有病人跟我说，担心 MRI 有放射性，我告诉她 MRI 一点放射性都没有。她可是个教授哦，最基本的常识都没有。由此想想，咱这儿的普罗大众，唉，更没法练了。普通人生了病，大多数就是耗着，受不了才去医院，而且去的医院一定得是三甲医院。愿望是好的，但实际上是行不通的。首先病人不应该耗到到受不了才去看大夫，但什么时候该去看大夫，需要常识。比如说头痛，一两天后还不好，就应该去看大夫。但看头疼病不应该抬脚就去协和这类三甲医院。病人之所以这么做，与咱们现行的医疗条件有关，看一次病挺麻烦的，如果看，那就去最好的医院，看到最好的大夫，然后就是妙手回春的结局。医疗哪里是这么简单。

"我们这儿小班讲课，每班最多 25 人，能来这儿讲的都是顶级专家，先讲一个半小时，然后回答问题一个半小时。已经办了两期：'更年期管理''疼痛管理'，马上要做一期'皮肤管理'。听众带着问题来，有充分的时间和讲课的专家互动，他们觉得比看专家门诊有用得多。哦，因为这儿消耗最多的饮料是香槟，所以小名叫'香槟沙龙'。"

"早就过了饭点，四合院的厨师问还吃不吃了。"筱东好不容易逮着空儿。

"和我们一起去吧？离这儿不远，溜达着十分钟就到了。"我热情地借花献佛。

冯唐低头看看手表，对旁边的人说："我出去一下，会议往后推一下，我最迟两点半回来。"

他从壁柜里拿出一个包，跟着我和筱东离开了九号院。

"我一直想在附近找个四合院，那样的话就更像了。"我们三人在胡同里穿行，这是北京最好的季节，还没飞絮的柳枝在微风中摇曳，迎春花、榆叶梅、丁香花开得扑朔迷离，暗香浮动。

筱东说的四合院就在明清两代的皇家档案馆皇史宬的隔壁，专注于为高端客户的重大、疑难民商事诉讼与仲裁提供服务的天同律师事务所就在此办公。影壁、南房、东西厢房和正北房围着四方的庭院。北房前的两株海棠树，花儿白茫茫的分不出个儿。南房的八仙桌上，照着老北京的谱儿，摆着四凉四热八个碟。冯唐一看就乐了："京八件儿。""敢情。"我和了一句地道的北京腔。冯唐从包里拿出一瓶白葡萄酒："这酒产自法国南部，除了这标签，和我没有半毛钱关系。"

因为来自远方，我被推上了主座。"你现在后悔放弃行医吗？"正在倒酒的冯唐，听闻此言，手停住了，放下酒杯，叹了口气。"近来我越来越多地琢磨这个问题。当年选大学专业时我想，学理工科吧，没那天赋，文科又不用学，做人总得有一个安身立命的本事吧？于是选了医科。从18岁到26岁，医学、协和情结与我的身体同步生长。中国的医疗现状这么差，我总想我该做点什么。有一段时间，我曾经想过考个医生执照。和不少朋友聊过此事，他们都说，北京不缺好大夫，你有这么多年的商场和金融的经验，还有靠写作攒下来的人气，不做谁做？要干就干一票大的，从系统层面入手，麻利儿的，如果现在不动手，会越来越难。"

"你都干了什么？"

"我正在北京推进一家大的医疗集团的投资，在三环和五环之间，已经有2000多张病床、四个院区，还有三个院区在建。建成后会有七个院区，接近 5000 张病床。我希望把它打造成中国管理最完善、规模最大的医院集团。二十多年了，绕了一大圈，我回到了原点，时髦的说法叫'初心'。这是我一生中难得的施展抱负的机会，值得我拼拼老命。"

"赶紧满上，满上。为了冯唐的理想医院，干杯！对了，说说什么是你的理想医院？"

"首屈一指的因素是人。医生仁心仁术，能得到合理的收入，病人在接受诊治时享有做人的尊严，像人一样被对待。你到现在那些医院看看，如果你是普通百姓，你信不信，见大夫不到 5 分钟，就被打发了。这是最大的不尊重，什么叫尊重？给你时间，中医的望闻问切，西医的试触叩听，过一遍，最少也得 15 分钟。我们当年上学的时候，教授们反复强调：病人离开之前，一定要问病人，您还有什么问题吗？你去现在的医院瞅瞅，大夫哪有问这句话的时间？在我开的医院里有一条规定：大夫一定要和病人谈够 15 分钟，哪怕病人没什么可问的。那种还没聊几句，就咣咣咣地开处方的景象，是不会出现在我的医院的！其实医生很重要的工作是聊天，了解病人的情况。没有好的医生，再高的楼，再好的设备也是枉然。"冯唐说着说着，鼻尖、额头都冒出了细汗。筱东一边给他布菜，一边说，"快吃快吃，都凉了。"

我问冯唐："没见你写过医疗有关的小说，这么一折腾，你该有素材了吧？"

"我写了很多色情的作品，里面也有不少医学知识呢。"

我一听，笑了，饭都喷出来了。

筱东说：都是咬文嚼字的人，不要辜负了这美酒、美餐和美景，我来开个头：

　　　　画栋雕门筱东开，

　　　　碧叶琼花欲遮霾。

我把冯唐带来的酒瓶的标签扯下来放在桌子中央：

　　　　春风十里不如你，

冯唐用筷子敲了一下碟子，坏笑着挤出一句：

　　　　青椒腊肉嫩蒜薹。